2018年江西经济社会发展重大
"推进江西经济高质量发展的内涵、目标、
（18ZD03）成果

江西经济高质量发展评价与实现路径研究

RESEARCH ON THE EVALUATION AND
REALIZATION OF JIANGXI HIGH-QUALITY
ECONOMIC GROWTH

周国兰 周吉 龙强 ◎ 著

经济管理出版社
ECONOMY & MANAGEMENT PUBLISHING HOUSE

图书在版编目（CIP）数据

江西经济高质量发展评价与实现路径研究/周国兰，周吉，龙强著 . —北京：经济管理出版社，2019.7

ISBN 978 - 7 - 5096 - 6658 - 6

Ⅰ.①江…　Ⅱ.①周…②周…③龙…　Ⅲ.①区域经济发展—研究—江西　Ⅳ.①F127.56

中国版本图书馆 CIP 数据核字（2019）第 117633 号

组稿编辑：杜　菲
责任编辑：王　洋
责任印制：黄章平
责任校对：陈晓霞

出版发行：经济管理出版社
　　　　　（北京市海淀区北蜂窝 8 号中雅大厦 A 座 11 层　100038）
网　　址：www. E - mp. com. cn
电　　话：（010）51915602
印　　刷：三河市延风印装有限公司
经　　销：新华书店
开　　本：787mm×1096mm/16
印　　张：12.25
字　　数：186 千字
版　　次：2019 年 7 月第 1 版　　2019 年 7 月第 1 次印刷
书　　号：ISBN 978 - 7 - 5096 - 6658 - 6
定　　价：68.00 元

课题组名单

首席专家/课题组长：

周国兰　　江西省发展改革研究院院长　　研究员

成　　员：

周　吉　　江西省发展改革研究院室　　副主任　　助理研究员

龙　强　　江西省发展改革研究院室　　副主任　　经济师

刘飞仁　　江西省发展改革研究院室　　副主任　　助理研究员

许自豪　　江西省发展改革研究院室　　　　　　　助理研究员

吴　颖　　江西省发展改革研究院室　　　　　　　助理研究员

黄慧敏　　江西省发展改革研究院室　　　　　　　实习研究员

吴翠青　　江西省发展改革研究院室　　　　　　　实习研究员

前　言

　　党的十九大报告在对我国经济历史新方位做出"已由高速增长阶段转向高质量发展阶段"的重大科学判断时，首次提出高质量发展这一新概念。高质量发展成为我国当前和今后一个时期确定发展思路、制定经济政策、实施宏观调控的根本要求。作为欠发达省份，江西近年经济增速处于全国"第一方阵"，但与发达省份相比，经济总量小、人均GDP不高、产业层次偏低、结构不优、创新驱动不足等发展不平衡、不充分问题，仍然是我们面临的主要矛盾，切实提高发展质量、效益，推动高质量发展的任务迫切而艰巨。

　　站在新的历史方位，人类社会正处在一个大发展大变革大调整时代，我国发展仍处于并将长期处于重要战略机遇期。面对全球经济大重组、新一轮产业技术革命、国家经济结构战略调整等多重机遇，江西要在新时代新一轮区域竞争中抢占竞争制高点、实现跨越式发展，关键在于高质量发展。要在高质量发展中赢得主动权，必须全面贯彻"创新、协调、绿色、开放、共享"新发展理念，坚持质量第一、效益优先，向改革开放要动力，向创新创业要活力，向特色优势要竞争力，加快建设现代化经济体系。如何推动经济发展质量变革、效率变革、动力变革，不断增强经济创新力和竞争力，努力走出一条具有江西特色的高质量发展新路，成为当前及今后一段时期江西亟须解决的重大理论问题及实践难题。

　　本书以习近平新时代中国特色社会主义思想为指引，紧紧遵循习近平总书记对江西工作提出的"新的希望、三个着力、四个坚持"重要要求，牢牢把握省委十四届六次全会确立的高质量跨越式发展首要战略要求。在充分借鉴国内外理论与实践的基础上，立足欠发达的基本省情，深刻把握江西经济高质量发展的内涵特征，对江西推动经济高质量发展的宏观形势及发展现状特征进行深入研判，构建江西经济高质量发展测度指标体系，精准测度江西高质量发展水平及其在全国的地位及变化，研究提出推进江西经济高质量发展的总体思路、主要目标、重点方向、基本路径，并提出相关对策建议，为回答江西经济高质量发展相关理论问题提供思考探索，为服务江西省委、省政府更好地推进高质量跨越式发展首要战略提供决策建议，为各地政府部门落实经济高质量发展战略要求提供方案启示。具体来说，本书包括总报告及 4 个专题报告，总报告下设九章，各章节主要内容及观点如下：

第一章，经济高质量发展的背景内涵与理论基础。本章在深入把握经济高质量发展提出的时代背景基础上，全面解析经济高质量发展的基本内涵，分析比较与经济高速增长的区别联系，系统梳理经济高质量发展的相关理论基础。研究指出，高质量发展是经济进入新时代阶段，转变发展方式、优化经济结构、转换增长动力的战略抉择，是顺应我国社会主要矛盾转化、建成社会主义现代化强国的必然要求，是适应国际竞争新要求、推动我国产业价值链迈向中高端的关键抓手。高质量发展具有极其深刻的理论内涵，是一种新的发展理念，强调了发展的质量和效益导向，是五大发展理念的高度集聚融合，是创新成为第一动力、协调成为内生特点、绿色成为普遍形态、开放成为必由之路、共享成为根本目的的发展；它与高速增长在内涵、目标、标准、要求等方面具有本质的不同；习近平新时代中国特色社会主义思想、马克思劳动价值理论、新制度经济学、产业结构理论等诸多理论对推动高质量发展具有重要指导与借鉴价值。

第二章，江西推进经济高质量发展面临的宏观形势与现实意义。重点从国际形势、国内形势、省内形势系统掌握江西推进经济高质量发展面临的宏观形势，深入探究江西推进经济高质量发展的重大现实意义。研究指出，世界经济大调整、大变革、大重组对江西推进经济高质量发展既是挑战也是机遇，特别是国家供给侧结构性改革深入推进、经济长期稳定发展态势不变等为江西推进经济高质量发展提供稳定环境与长期机遇。

第三章，江西经济高质量发展的现状特征与主要问题。围绕产业升级、改革开放、创新发展、绿色生态等江西推进经济高质量发展重点维度，全面解析经济高质量发展现状特征及存在的主要问题。研究指出，江西经济高质量发展已进入蓄势筑基期、改革红利释放与发展成果共享提升期、创新驱动关键期、美丽中国"江西样板"攻坚期阶段，既存在历史因素导致的"路径惯性"问题，也存在发展不足带来的"低端锁定"问题，还存在高质量要素和高效制度有"供给缺口"等根源性问题。

第四章，江西高质量发展水平评价与比较。本章在从经济发展、结构协调、创新驱动、开放升级、生态文明、成果共享六个方面构建出江西经济高质量发展测度指标体系的基础上，采用因子分析法等研究方法对江西省高质量发展水平进行测度，对江西高质量发展水平在全国的地位及变化进行分析研究，并比较研究了全国28个省份高质量发展水平。发现江西省经济发展质量在近7年明显提升，28个省份高质量发展水平具有显著差异，具体可分成显著上升型、相对稳定型和迅速下降型三类。

第五章，兄弟省份推进高质量发展的经验举措。本章深入研究分析了兄弟省份高质量发展实践及其经验启示。重点从把创新作为第一动力、推动协调成为内生特点、把开放作为必由之路、推动绿色成为普遍形态、把共享作为根本目的等维度研究分析了浙江、上海、江苏、湖南、安徽、广东、北京、河北、山东等兄弟省份的特色做法与经验，提出实现高质量发展必须加强顶层设计、从上而下高效推进，必须贯彻质量第一、效益优先原则，必须坚持以人民为中心等启示观点。

第六章，推进江西经济高质量发展的总体思路、总体要求、主要目标和重点方向。在研究提出推进江西经济高质量发展的总体思路基础上，对推进江西经济高质量发展的总体要求、主要目标、重点方向进行了全面研究。提出推动江西高质量发展，必须以习近平新时代中国特色社会主义思想为指导，必须突出目标导向、问题导向、效果导向，必须全面落实新发展理念。提出到 2025 年，全省经济总量、产业结构、创新能力、开放水平、生态环境、生活质量同步提升，经济高质量发展取得明显进展，达到全国中上游水平等目标，对发展的重点方向进行了论述。

第七章，江西高质量发展格局的总体构想。本章重点围绕江西高质量发展的区域格局、产业格局、开放格局、生态格局等方面分别展开论述。区域格局上，提出构建"一圈引领、两轴支撑、三区协同"区域发展格局；产业格局上，提出"两项融合、三产提升"产业格局，重点实现农村一二三产业融合、制造业与服务业融合协同推进，打造"农业规模化、制造业高端化、服务业品牌化"产业发展形态；开放格局上，提出形成"通江达海、内外联动"开放格局；生态格局上，提出构建"美丽宜居、天蓝水清、山绿地净"生态格局，迈出美丽中国"江西样板"建设新步伐。

第八章，实现江西经济高质量发展的基本路径。重点围绕产业体系、深化改革、创新驱动、区域协调、全面开放、绿色发展、成果共享等领域研究实现江西经济高质量发展的基本路径。研究提出，建设现代化经济体系、构筑高质量发展新高地，推进全面深化改革、激发高质量发展主体活力，强化创新驱动战略、提升高质量发展内生动力，建设协调联动的城乡区域发展体系、优化高质量发展总体格局，构建全面开放新格局、拓展高质量发展外部空间，加快生态文明建设、打造高质量发展绿色样板，提高民生保障水平、推动高质量发展成果共享等观点。

第九章，实现江西经济高质量发展的对策建议。具体包括：一是加大思想解放力度，激发高质量发展活力源泉；二是推进人才强省战略，打造高水平人才集聚高地；三是降低企业资金压力，夯实高质量发展要素支撑；四是加强市场体系建设，营造高质量发展最优环境；五是坚持创新驱动战略，提升高质量发展根本动力；六是健全考核评价体系，树立高质量发展鲜明导向。

本书是以 2018 年江西经济社会发展重大招标课题"推进江西经济

高质量发展的内涵、目标、重点与实现路径研究"（18ZD03）为基础，经过加工完善而形成的。2018年6月，中共江西省委宣传部、江西省社会科学界联合会共同设立2018年江西省经济社会发展重大研究课题，面向省内外公开招标。在江西省发改委领导的关怀和大力支持下，江西省发展改革研究院立足省高质量发展研究中心重点智库优势，整合全院骨干力量，经前期研究、标书策划和专家答辩等环节，成功中标此课题。课题中标后，课题组按照研究大纲进行分工，集中攻关，形成了近10万字的总报告和近3万字的专题报告。在开展研究的过程中，积极将研究成果转化为政策咨询建议，并将相关研究报告呈省委省政府及相关厅局参阅，其中，有3篇调研报告获得省领导重要批示。

本书的总体策划工作和具体研究方案由周国兰同志制定。总报告由周国兰、周吉、龙强、刘飞仁、许自豪、吴颖、黄慧敏、吴翠青执笔完成，最后由周国兰负责总纂。专题1"推进江西经济高质量跨越式发展必须把握的几个重点"由周国兰、龙强执笔，专题2"推动江西经济高质量发展需把好投资质量关"由周国兰、周吉执笔，专题3"促进形成强大国内市场机遇下如何更好发挥投资关键作用"由周国兰、刘飞仁执笔，专题4"国内部分省份推进高质量发展的典型做法"由龙强、黄慧敏执笔。本课题研究能够顺利完成与整个团队的互相理解、密切协作、辛勤努力是分不开的。本课题研究还凝聚着各方支持、帮助和宝贵智慧，从投标、研究、验收到出版的整个过程，得到了江西省委宣传部、江西省社会科学界联合会、江西省社会科学院等领导的亲切关怀和指导，得到了江西省发改委领导的悉心指导，得到了省发改委综合处、投资处等处室对本课题研究提供的无私帮助，在此一并表示衷心的感谢。在本课题的研究和写作过程中，我们参考借鉴了大量国内外学者的宝贵研究成果，在此对相关作者致以最诚挚的感谢！

党的十九大描绘了高质量发展宏伟蓝图，把高质量发展要求贯穿于经济发展各领域和全过程，其所包含的理论意义和实践价值极其丰富。本书仅以江西为立足点，从理论与实证的角度对高质量发展的内涵、目标、重点、路径等内容进行探索，由于笔者水平有限，本书仍然存在一些不足和值得商榷之处，敬请广大同行专家、学者不吝批评指正，以便我们能在今后的研究中不断提升和完善。

2019 年 5 月 8 日

目　录

第一章

经济高质量发展的背景内涵与理论基础

一、经济高质量发展提出的时代背景

进入新时代，我国经济正处在转变发展方式、优化经济结构、转换增长动力的攻关期，人民日益增长的美好生活需要和不平衡不充分的发展之间的矛盾已经转化为社会主要矛盾，世界新一轮科技革命和产业变革与我国加快转变经济发展方式形成历史性交汇，大力推动高质量发展是符合经济发展阶段转变、顺应我国社会主要矛盾转化、适应国际竞争新形势的战略选择和使命要求，是解决经济长期"粗放式"高增长所积累的问题、破解我国经济供需两侧结构性矛盾、推动我国产业迈向全球价值链中高端、满足人民美好生活需要、建成富强民主文明和谐美丽的社会主义现代化强国的重要抓手。

（一）高质量发展是经济进入新时代，转变发展方式、优化经济结构、转换增长动力的战略抉择

中华人民共和国成立初期，我国经济结构简单、物质基础薄弱，面对的是一个一穷二白、千疮百孔的烂摊子，工业基础近无，粮食不够吃，通货恶性膨胀，经济十分混乱。中国共产党坚持把马克思主义基本原理同我国国情相结合，提出一系列新思想、新战略和新理念，推出一系列重大方针政策、举措，经济社会发展突飞猛进。特别是经过改革开放40余年的发展，我国经济发生了翻天覆地的变化，从一穷二白到经济总量跃居世界第二，从温饱不足到总体小康，从"站起来了"到"举足轻重"。对世界经济的贡献作用不断增强，"十二五"时期我国经济增长对世界经济增长的年均贡献率达到30.5%，跃居全球第一，如今，我国已成为世界经济增长的主要稳定器和动力源，2016~2018年连续三年对全球经济增长的贡献保持在1/3左右。

量变积累到一定程度必然引起质变。当前，我国已经告别了短缺经济，告别了供给不足、物资匮乏的时代，人民生活总体上达到小康水平，"质的提升"成为新时代经济发展的目标要求。与此同时，新时代中国经济发展的客观环境和条件已有所变化，资源环境约束趋紧、劳动力成本优势逐渐丧失、市场竞争更为激烈、世界新技术革命迅猛发展等带来的压力加大，传统的高增长模式难以为继。为顺利跨过"中等收入陷阱"、推动经济保持中高速增长并迈向中高端水平，必须破解传统经济增长模式下长期积累的矛盾和问题，重点在于转变发展方式、优化经济结构、转换增长动力。传统的发展方式依靠扩大投资拉动经济增长，随着部分传统产业产能接近或达到上限规模，再简单沿用老办法刺激拉大投资需求，会导致投资效率下降、债务杠杆攀升、增大金融风险发生的概率等问题，更难以根本克服经济下行的压力。过去的经济结构依靠工业产能增量扩能形成，"铺摊子"扩大制造业产能推动经济增长，带来的直接后果是重复生产和低端产能过剩，扭曲经济结构和资源配置，新时代经济结构必须进行调整存量、做优增量并举的战略性调整。过去我国依靠资源和生产要素大规模高强度投入方式形成经济增长动力，只用了几十年时间完成了西方200多年的工业化之路，在经济高速增长的同时，也造成环境污染严重、生态系统退化等问题，环境承载能力已接近上限，随着劳动年龄人口逐年减少，土地供给结构矛盾突出，生态环境硬约束强化，原有的低成本竞争优势不复存在，继续依靠大规模增加要素投入支撑经济增长已经越来越困难，必须加快推动增长动力从主要依靠生产要素大规模高强度投入为主转向依靠创新驱动为主。只有推动高质量发展，才能不断转变发展方式、优化经济结构、转换增长动力，才能推动我国经济由"数量追赶"向"质量追赶"转变、由"规模扩张"向"结构升级"转变、由"要素驱动"向"创新驱动"转变，实现更有质量和效益的增长。

（二）高质量发展是顺应我国社会主要矛盾转化、建成社会主义现代化强国的必然要求

改革开放初期，在经济发展落后、生活水平低下、很多人口处于绝对贫困状态等背景下，供给短缺是突出问题，当时国内的主要矛盾是人民日益增长的物质文化需要同落后的社会生产之间的矛盾，突出要解决"有没有"的问题，需要更加注重速度，以增加供给、克服短缺为主要任务。随着中国特色社会主义进入新时代，我国经济社会呈现系列新特征、面临新任务和新挑战，区域、城乡、供需结构等发展不平衡问题和创新能力不够强、发展的质量和效益还需要提高、民生领域"短板"严重等发展不充分问题，成为满足人民日益增长的美好生活需要的主要制约因素。党的十九大报告指出，我国社会主要矛盾已经转化为人民日益增长的美好生活需要和不平衡不充分的发展之间的矛盾。在这一阶段，须在解决好"有没有"问题的基础上重点解决"好不好"的问题，须以人民日益增长的美好生活需要为主要发展导向。特别是随着中等收入群体的快速扩大和以千禧一代、互联网一代为代表的新生代消费群体的加速崛起，居民消费结构升级不断加快。2017 年，我国恩格尔系数继续下降到 29.33%，首次达到 30% 以下，进入联合国划分的 20% ～ 30% 的富足标准，品质消费、个性消费、享受型消费等消费升级领域呈现爆发式增长。人民不再满足于"物质文化需要"而是追求"更加美好的生活需要"，这个变化对物质文化生活提出了更高要求，在法治、正义、民主、公平、环境等方面的需求和期待日益增长。正如习近平总书记指出的,"我们的人民热爱生活,期盼有更好的教育、更稳定的工作、更满意的收入、更可靠的社会保障、更高水平的医疗卫生服务、更舒适的居住条件、更优美的环境,期盼孩子们能成长得更好、工作得更好、生活得更好。人民对美好生活的向往,就是我们的奋斗目标"。大力推动高质量发展,解决国内消费需求结构矛盾、满足人民日益增长的美好生活需要成为必然要求。

在人民需求升级的同时,国家社会主义建设发展也在加快升级。党的十九大报告指出,"中国特色社会主义新时代是决胜全面建成小康社会,进而全面建设社会主义现代化强国的时代",并作出"两步走"战略安排,明确指出:到 2035 年,基本实现社会主义现代化;到 21 世纪中叶,全面建成富强民主文明和谐美丽的社会主义现代化强国。强国的提出具有里程碑的意义,表现了我们国家从"站起来""富起来"到"强起来"目标要求。现代化强国,不一定单纯是"大块头"强国,但一定是"高质量"强国。所以,当经济规模达到一定水平、约束条件达到一定强度、人民日益增长的物质文化需要发生全局性变化时,经济发展的重心从速度转向质量就成为必然。全面提升物质文明、政治文明、精神文明、社会文明、生态文明建设水平和质量,建成富强民主文明和谐美丽的社会主义现代化强国,都必须依靠高质量的发展。

(三) 高质量发展是适应国际竞争新要求、推动我国产业价值链迈向中高端的关键抓手

中华人民共和国成立尤其是改革开放以来,通过劳动力、土地等成本优势和自然资源、基础设施等资源禀赋的比较优势,集聚了大量的国际先进产业转移,使我国迅速融入全球生产网络,成为面向全球的低成本加工制造基地和世界工厂,在国际市场上的综合竞争力大幅提升。然而,与世界先进水平相比,我国要素生产率与发达国家差距较大,提升潜力和空间很大,产品大多以劳动密集型产品为主,产业国际竞争力整体不强,关键技术环节和核心技术掌握不足,自主创新能力、资源利用效率与效益、产业结构和信息化水平等方面差距明显,处于全球价值链的中低端。

国际金融危机发生后，发达国家纷纷实施"再工业化"和"制造业回归"战略，期望重塑制造业辉煌，增加新一轮全球贸易投资的世界话语权。以印度、巴西等为代表的发展中国家也在试图深度参与全球产业再分工，积极承接产业及资本转移，加快拓展国际市场空间。国际产业分工格局正在重塑，全球产业竞争格局正在发生重大调整，我国产业发展面临发达国家和其他发展中国家"双向挤压"的严峻挑战。如何化挑战为机遇，抢占国际新一轮竞争制高点成为当前必须解决的重大战略问题。大力推动高质量发展，依靠创新驱动抢占世界科技和产业制高点，形成具有国际竞争优势的产业结构，成为抓住全球产业格局大调整、产业价值链体系重塑机遇，形成新的生产方式、产业形态、商业模式和经济增长点的重要抓手和突破路径。

二、经济高质量发展的基本内涵

高质量发展具有极其深刻的理论内涵，是一种新的发展理念，强调了发展的质量和效益导向，是五大发展理念的高度集聚融合，是创新成为第一动力、协调成为内生特点、绿色成为普遍形态、开放成为必由之路、共享成为根本目的的发展。习近平同志指出，"推动高质量发展是当前和今后一个时期确定发展思路、制定经济政策、实施宏观调控的根本要求"。作为经济领域深刻的系统变革，高质量发展的内涵可从以下三个方面进行理解。

（一）宏观层次的高质量发展

宏观层次的高质量发展主要指国民经济整体质量和效率。在新时代，只有实现宏观层次的高质量发展，才能在全面建成小康社会的基础上，实现社会主义现代化和中华民族伟大复兴，具体可从以下五个方面理解宏观层次的高质量发展。一是创新成为发展第一动力。科技体制不断完善，科技成果转化逐步畅通，以企业为主体、市场为导向、产学研深度融合的技术创新体系加快建立，更多社会主体不断投身创新创业。二是市场在资源配置中起决定性作用。经济的投入产出效益不断提高，同时政府作用得到更好发挥，企业生产成本和行政管理成本不断降低。三是成果共享成为发展的根本目的。社会公共产品和服务的水平不断提升，拥有较为充分的就业机会，基本合理的收入分配体制机制形成，脱贫攻坚战取得决定性胜利，人民的获得感、幸福感、安全感不断提升。四是宏观调控成效明显。对可能发生的市场风险、外部风险特别是金融风险等各类经济风险的预判和识别能力进一步增强，能及时采取有效措施，避免风险形成，化解风险冲击或减缓风险影响。五是形成全面开放新格局。坚持引进来与走出去更好结合，"一带一路"建设扎实推进，外商投资环境显著改善，区域开放布局不断优化，贸易和投资自由化、便利化程度不断提升。

（二）中观层次的高质量发展

中观层次高质量发展的标准体系表现为结构合理的产业系统和梯度合理的地区差异，具体可从两方面理解。一是构建起现代产业体系。经济发展的着力点在实体经济上，产业链水平不断提升，新的产业集群加快形成，建立起有利于节约资源和保护环境的产业结构，现代产业体系实现全面发展和整体协同。二是发展整体性、协调性进一步增强。在区域发展中，西部开发、东北振兴、中部崛起、东部率先的区域发展总体战略不断深入实施，生产要素实现跨区域有效流动，资源区域间配置更加均衡，区域经济发展的协同性、整体性、包容性和开放性不断提升。在城乡发展中，新型城镇化和乡村振兴战略稳步推进，城乡融合发展的体制机制逐步健全，制约城乡二元结构的深层次问题得到妥善解决，城乡一体化发展水平显著提升。此外，物质文明和精神文明、经济建设和国防建设也得到充分协调融合发展。

（三）微观层次的高质量发展

微观经济是整个社会经济的基础，实现高质量发展必须提高微观层次的经济发展质量。我国拥有全世界类别最齐全的产业体系和配套最完善的服务网络，其中220多种工业品产量位居世界第一，但许多产品仍处在价值链的中低端，部分关键技术环节仍然受制于人，产品和服务质量难以跟上居民消费升级步伐。因此，微观层次的高质量发展可从两方面理解。一是质量第一的理念深入人心。大国工匠精神得到传承与发扬，企业、行业的质量管理不断加强，质量标准建设达到或领先国际先进水平，供给体系质量不断提高，中国制造和服务成为高质量的标志。二是微观主体活力进一步增强。企业和企业家主观能动性充分发挥，形成公平、开放、透明的市场规则和法治化营商环境，以公平竞争、优胜劣汰为主导，正向激励机制逐步完善，企业主体作用进一步凸显。

三、经济高质量发展与高速增长辨析

我国改革开放40多年来，国民经济实现了高速增长，数量和规模的快速扩张是其最突出特征。进入新时代，传统的高速增长模式已难以持续，我国经济转向高质量发展阶段。高质量发展和高速增长作为两个表征经济增长的重要概念，它们之间具有本质的不同，高质量发展突出的是经济发展的质量和效益导向，高速增长强调的是经济增长的速度，但高质量发展并不意味着放弃经济增长。

（一）高质量发展与高速增长的区别

（1）目标不同。高速增长主要通过扩大投资规模、过多依靠各种资源的大量消耗实现经济的快速增长，追求的是经济总量的扩大。而高质量发展要求通过转变发展方式、优化经济结构、转换增长动力实现经济质量的提升和经济效益的提高，更好地满足人民日益增长的美好生活需要。

（2）内涵不同。高速增长仅指经济总量的扩张，多以总产出来衡量，常用的评价指标为国民生产总值、人均国民生产总值等；而高质量发展的格局与内涵都更为丰富，它以总量为基准但又不仅仅关注经济总量，还包含对经济的效率、结构、稳定性和持续性等角度的多维衡量，是量与质相协调下的演进发展，体现的是人与经济社会相协调的一种包容性的增长。

（3）标准不同。高速增长的评价标准很简单，就是单维的评价，速度快慢是评价的主要标准。而高质量发展摒弃了传统的一味追求发展速度的发展方式，它的评价标准是从整体出发，统筹经济社会与生态环境的需求，主要标准是好与坏，是对经济发展优劣程度的判断。

（4）要求不同。在高速增长阶段，我们所追求的是单一的经济总量与增速，忽略了经济发展的质量，而高质量发展比高速增长的要求更高。高质量发展要求我们更多依靠人才、技术、知识、信息等要素，实现经济由粗放型增长方式向集约型增长方式转变。

（二）理性认识高质量发展和增长速度的关系

由高速增长阶段转向高质量发展阶段，即保持发展速度在一定合理区间内着力于提升经济发展质量，并不是完全放弃增长速度，经济增长速度与经济发展质量之间是一种既互相矛盾又互相依存的辩证关系。

（1）关于经济增长的质量与速度的关系。经过近40多年的高速发展，我国社会主要矛盾已经从人民日益增长的物质文化需要同落后的社会生产之间的矛盾，转化为人民日益增长的美好生活需要和不平衡不充分的发展之间的矛盾。社会主要矛盾新变化意味着不能再走一味追求速度的经济增长老路，必须在保持国民经济平稳健康发展的基础上更加关注经济增长的质量，以高质量的产品和服务满足人民日益增长的美好生活需要。但这不意味着只要质量不要速度，经济增长与就业、财政收入、人民生活水平息息相关，没有速度，经济发展就停滞不前，民生建设、环境保护也只是空中楼阁；要建设国富民强的现代化国家，必须长期保持经济的持续、较快、稳定增长。

（2）关于经济结构优化的质量与速度的关系。随着生产力的发展，经济结构优化升级是衡量一个国家或地区经济发展质量的重要标志。经济结构优化升级是经济发展质量最核心的变化要求，需要采取一系列措施或举措来推动效率变革，推动产业结构向高级化方向发展，但效率变革也需要一定的经济增长速度的支持。历史上巴西以牺牲环境为代价换来经济高速发展，最后遭遇经济迅速下滑的困境，而其未解决的结构性问题也是其恢复经济增速的巨大障碍。历史和他国的经验教训提醒着我们不重视质量的发展只能是昙花一现，只有优化升级，把质量作为发展的核心，才能实现经济又好又快的发展。因此，不追求经济的高速增长，但应该保持符合新时代我国经济潜在增长率的中高速增长，来促进经济发展的平衡性、协调性和可持续性，保持经济运行的稳定性。

（3）关于经济可持续发展的质量与速度的关系。我国在经过几十年的高速发展后，片面追求速度和规模的发展模式已经难以为继，推动经济发展提速增效迫在眉睫。过去的高速发展主要通过扩大投资规模、资源大量消耗实现，由此导致了效率不高、效益相对低下和环境压力明显加大，以及发展本身的不可持续性。高质量发展必须兼顾经济增长与生态环境保护和资源利用之间的协调统一关系，宁可把经济增长速度降下来，也要保持经济与人口资源环境之间的协调发展，坚持绿水青山就是金山银山的发展理念，努力让全体人民过上更有品质的生活。

（4）关于经济发展动力的支撑质量与速度的关系。习近平总书记指出，科学技术是第一生产力，创新是引领发展的第一动力。当前，全球新一轮科技革命孕育兴起，正在深刻影响世界发展格局，深刻改变人类生产生活方式。加强科技产业界和社会各界的协同创新，促进各国开放合作，是让科技发展成为人类社会进步发挥更大作用的重要途径。特别是在目前全球化、信息化背景下，科技是国家强盛的根基，科技创新更是成为各国社会发展的核心驱动力量。我们只有积极把握世界科技创新前沿动态，加快建设创新型国家，增强自主创新能力，最大限度解放和激发科技作为第一生产力所蕴藏的巨大潜能，才能为实现高质量发展提供有力的动力支持和保障。

四、经济高质量发展的理论基础

（一）习近平新时代中国特色社会主义思想

2017 年 10 月 18 日，在中国共产党第十九次全国代表大会上习近平总书记首次提出"新时代中国特色社会主义思想"。习近平新时代中国特色社会主义思想是全党全国人民为实现中华民族伟大复兴而奋斗的行动指南，是对马克思列宁主义、毛泽东思想、邓小平理论、"三个代表"重要思想、科学发展观的继承和发展，是马克思主义中国化最新成果，是党和人民实践经验和集体智慧的结晶，是中国特色社会主义理论体系的重要组成部分，是全党全国人民为实现中华民族伟大复兴而奋斗的行动指南，必须长期坚持并不断发展。它从理论和实践结合上系统回答了新时代坚持和发展什么样的中国特色社会主义、怎样坚持和发展中国特色社会主义。

党的十八大以来，我国经济发展迈入由大向强转变的新阶段，进入全面建成小康社会决胜期，并将在全面建成小康社会的基础上，乘势而上开启全面建设社会主义现代化国家新征程。社会主义现代化国家的经济基础是社会生产能力水平的明显提升，核心是经济发展的高质量。在新时代，中国特色社会主义的社会主要矛盾发生了重大转变，由原来的"人民日益增长的物质文化需要同落后的社会生产之间的矛盾"转变为"人民日益增长的美好生活需要和不平衡不充分的发展之间的矛盾"。

在"人民日益增长的物质文化需要同落后的社会生产之间的矛盾"的社会主要矛盾下，首要任务是加快发展，经过 30 多年的努力，我国经济体量明显增大，经济实力显著提升，原来生产力落后的状况已经得到相当程度的改善，社会主要矛盾也随之发生改变。此时，生产力发展的制约因素更多表现为经济社会发展不平衡不充分，特别是表现为经济结构性矛盾明显、生产效率性问题突出、社会民生建设滞后和资源环境约束趋紧等问题。同时，随着物质生活的丰富，人民日益增长的美好生活需要已经逐渐超出了物质文化需要范畴，精神享受、民主法治、公平安全、生态环保等需求上升。在这个阶段，必须推动高质量发展，只有实现高质量发展，才能不断化解社会主要矛盾，高质量发展也成为当前和今后一个时期确定发展思路、制定经济政策、实施宏观调控的根本要求。

（二）马克思劳动价值理论

中国共产党是用马克思主义武装起来的政党，马克思主义是我们共产党人理想信念的灵魂。按照马克思的研究，一切商品的价值都是由人的劳动创造的，凝结在商品价值中的社会必要劳动时间，是决定商品价格变动的终极原因，这就是马克思劳动价值论。马克思劳动价值论不仅在人类经济学说史上具有重要的理论价值和历史地位，而且对新时代中国特色社会主义建设具有重要的指导意义。劳动价值论是发挥市场在资源配置中的决定性作用的理论基础，它要求各种商品的生产和交换以价值量为基础，遵循价值规律的客观要求，以生产商品的平均劳动耗费——价值作为商品交换的依据，充分发挥市场机制的作用。劳动价值论还是树立坚持人民主体地位原则的思想源泉，它在充分承认非劳动生产要素的作用的基础上，突出强调人的劳动的作用，显示了马克思劳动价值论"以人为本"的鲜明特征。马克思指出："劳动生产率是由多种情况决定的，其中包括：工人的平均熟练程度，科学的发展水平和它在工艺上应用的程度，生产过程的社会结合，生产资料的规模和效能，以及自然条件。"劳动价值论十分重视创新，特别是科学技术创新的巨大效用，是坚持创新发展理念的理论依据。习近平总书记正是基于对马克思劳动价值论的深刻把握，结合中国经历了几十年高速增长的国情与问题，提出了关于我国进入"新常态"的判断，进而提出"供给侧结构性改革"和适应我国现阶段主要矛盾的改变，作出从高速增长阶段迈向高质量发展阶段等一系列重大判断，是对马克思政治经济学的丰富、完善和发展。

（三）新制度经济学

所谓新制度经济学，就是用主流经济学的方法来分析制度的经济学。当今西方新制度经济学包含四个流派，分别是：诺斯的制度变迁和开放机会论、奥尔森的集体行动逻辑和"坐寇"理论、科斯和威廉姆森的交易费用和产权契约论、布坎南的公共选择和立宪经济学。

在诺斯的制度变迁和开放机会论中，制度为人类发展历程提供了基本的结构和发展背景，指出制度变迁来源于外部性，外部规则的变化使某些人收入的增加成为可能，为了实现现存制度下潜在的外部利润，获得更大的收益或节约某些交易成本，人们必须进行制度创新。诺斯认为，制度是规范人们相互交往的所有约束，包括正式约束以及非正式约束，制度变迁可分成渐进性和革命性，分别是连续变迁和非连续性变迁。通过生产、分配等诸方面制度的变迁，进而推动社会的变迁。诺斯的制度变迁和开放机会论为推动高质量发展的诸如建立摆脱传统唯GDP增长的经济发展考核评价机制、建立以质量和效应为导向的指标体系等领域的制度变革、体制机制创新等提供理论基础。

奥尔森以新古典的个体理性为逻辑假设，以争取分配优势和"搭便车"现象作为逻辑依据，重点研究了制度的分配特征。经济高质量发展是一种以人为本的发展理念，推动人民共享发展成果是高质量发展的一个重要要求，在相关成果共享制度创新中就面临诸多制度调控分配问题。例如，国家对于社会中的虚拟经济与实体经济的取舍赋权问题，若没有适当的管控，就容易导致虚拟经济对实体经济的"抽血效应"，反而不利于实体经济发展。这都需要我们在推动高质量发展进程中进行逐步调整。

在交易费用和产权契约论中，科斯从法律和经济的双重角度阐明了产权理论的基本内涵以及其对经济发展的基础性作用，威廉姆森则深化了基于"科斯定理"的交易费用理论，他们的研究注重现代产权与市场的制度逻辑。布坎南认为，重点关注市场交易秩序的改善与治理以及对过度国家干预的质疑，主要研究规则、规则如何运行以及应当如何选择规则等内容。科斯、威廉姆森、布坎南等的相关理论对于我国在推进高质量发展过程中，建立完善中国特色的现代产权制度、构建使市场在资源配置中起决定性作用和更好发挥政府作用的现代经济体制具有一定的启示作用。

新制度经济学四大流派从不同的制度逻辑角度为我们研究制度与经济高质量发展关系提供了视角，但我国基本政治经济制度完全不相同于西方，因此，这些理论的科学性与合理性还需结合我国实际进一步探析。毫无疑问的是，中国特色社会主义制度具有磅礴生机和强大生命力，它支撑了我国过去几十年的长期高速增长，进入新时代后，我国社会主要矛盾转变成人民日益增长的美好生活需要和不平衡不充分的发展之间的矛盾，但中国特色社会主义制度仍然会成为未来我国高质量发展最基本的制度保障，这是认识和研究制度变迁与中国经济高质量发展关系的根本出发点。

（四）产业结构理论

产业结构理论是指在社会再生产过程中，一个国家或地区的产业组成即资源在产业间配置的状态，产业发展水平即各产业所占比重，以及产业间的技术经济联系即产业间相互依存相互作用的方式。国内外学者对产业结构变动的规律进行了大量研究，形成了诸多理论，主要包括配第—克拉克定理、库兹涅茨人均收入影响理论、罗斯托主导产业扩散效应理论和经济成长阶段论、钱纳里工业化阶段理论、霍夫曼工业化经验法则、赤松要雁行形态理论等典型流派。

英国经济学家配第和克拉克通过研究发现，随着经济的发展，人均国民收入水平的提高，第一产业国民收入和劳动力的相对比重逐渐下降；第二产业国民收入和劳动力的相对比重上升，经济进一步发展；第三产业国民收入和劳动力的相对比重也开始上升，这一理论被称为配第—克拉克定理。

在继承配第和克拉克等的研究成果基础上，美国经济学家库兹涅茨从总产值变动和就业人口结构变动的规律出发，提出了现代经济增长过程中产业结构变化中产业规模、劳动力比重、资本等方面的特点。主要内容是，随着经济增长，农业为主导的第一产业比重下降、工业比重增加，农业劳动力比重下降、工业的劳动力有所增加、服务业的劳动力明显增加，农业资本比例下降、工业与服务业资本比例增加，生产技术变化对产业结构的变化起很大的作用等，同时这些变化会导致劳动力在产业间、工种间、区域间转移，促进城镇化的发展。

在美国经济学家罗斯托的主导产业及其扩散理论和经济成长阶段理论中，为数不多的主导部门迅速扩大是经济增长能够保持的根本原因，而且这种扩大又产生了主导产业的扩散效应，包括回顾效应、旁侧效应和前向效应。同时，罗斯托根据科技和生产力发展水平将经济成长划分为：传统社会阶段，为"起飞"创造前提的阶段，相当于产业革命时期的"起飞"阶段；现代科技有效地应用于大部分资源，向成熟挺进阶段；工业高度发达、主导部门已经转移到耐用消费品和服务业部门的高额大众消费阶段；教育、保健、医疗、社会福利、文娱、旅游等为提高生活质量的产业成为主导部门的"追求生活质量"阶段。

美国经济学家钱纳里从经济发展的长期过程中考察了制造业内部各产业部门的地位和作用的变动，揭示了制造业内部结构转换的原因，即产业间存在着产业关联效应，为了解制造业内部的结构变动趋势奠定了基础，并把制造业发展分成经济发展初期、中期和后期三大时期，并据此将制造业分成初期产业（如食品、皮革、纺织等部门）、中期产业（非金属矿产品、橡胶制品、石油、化工、煤炭制品等制造业部门）、后期产业（服装和日用品、印刷出版、纸制品、金属制品和机械制造等部门）。

德国经济学家霍夫曼揭示了在工业结构演进的重工业化阶段，消费资料工业和资本资料工业之间增加值的比例关系的变化规律，并提出霍夫曼系数（消费资料工业净产值与资本资料工业净产值之比）是不断下降的。他根据霍夫曼比例，即消费品工业净产值与资本品工业净产值的比例，把工业化划分为消费品工业占主导地位、资本品工业快于消费品工业的增长、资本品工业继续快速增长并已达到和消费品工业相平衡状态、资本品工业占主导地位四个发展阶段。

雁行理论是日本学者赤松要在 1935 年提出的。该理论主要指某一产业在不同国家伴随着产业转移先后兴盛衰退，以及在其中一国中不同产业先后兴盛衰退的过程。这一理论把本国产业发展与国际市场紧密联系起来，使产业结构国际化，他认为后起的工业化国家可以通过四个阶段，分别是从研究开发新产品到国内市场形成阶段，从国内市场饱和到产品出口、开拓国际市场阶段，从国外市场形成到输出技术装备、就地生产和销售阶段，国外生产能力形成、产品以更低价格返销并迫使本国该产品减少生产阶段，来加速本国工业化进程。

当前，世界经济正处在深度调整中，尽管我国一些产业从过去的追赶者转变为并跑者，甚至在个别产业上成为领跑者，但总体上我国产业仍处于全球价值链中低端，产业结构持续优化的任务依然任重道远，传统重化工业占比较大，服务业发展质量不高，工业内部结构的升级空间还很大。在经济已经由高速增长阶段转向高质量发展阶段，转变发展方式、优化经济结构、转换增长动力成为重点攻关内容，必须紧紧抓住产业结构转型升级这个"牛鼻子"。产业结构理论揭示了产业结构变化相关规律，为推动产业结构转型升级，加快转变经济发展方式，建设现代化经济体系提供理论启示。

第二章

江西推进经济高质量发展面临的
宏观形势与现实意义

国际经济合作和竞争格局发生深刻改变，新一轮科技革命和产业变革加速推进，全球经济治理体系和规则面临重大调整，世界环境资源形势日益严峻。在这种背景下，我国经济发展进入新时代，呈现出发展质量、效率开始改善和发展动力正在转换等趋势性变化，经济运行总体平稳的长期态势不会改变，但制度性障碍、技术进步与扩散效应减弱等问题仍然存在。江西作为欠发达省份，产业转型升级压力较大，迈向价值链中高端面临挑战。因此，大力推动高质量跨越式发展首要战略，对于适应新时代中国社会主要矛盾变化、推动经济持续健康发展、打造美丽中国"江西样板"、建设富裕美丽幸福现代化江西具有重要意义。

一、江西推进经济高质量发展面临的国际形势

尽管 2008 年国际金融危机爆发至今已十余年，但金融危机对世界经济的影响仍未消退。在危机的负面影响与世界经济的新问题相互交织中，世界经济经过十多年的深刻调整已呈现出一些新的特征和变化，为我国及江西推进经济高质量发展提供新机遇的同时也带来了新的挑战。

（一）世界经济出现整体复苏态势，但影响经济持续健康增长的深层次矛盾仍然存在

世界经济在经过十年的底部徘徊后，得益于总需求改善、中高端制造业表现抢眼以及新兴经济体和发展中国家的强劲增长，从 2017 年开始渐次进入复苏的周期。美国开启加速加息进程和"缩表"操作，经济的内生增长依然强劲，消费引擎保持稳健，2017 年 GDP 增长 2.2%，比 2016 年提高 0.7 个百分点；欧盟逐渐克服难民危机、英国脱欧进程等带来的负面影响，欧元区经济超预期复苏，2017 年 GDP 增长 2.1%，比 2016 年提高 0.3 个百分点；日本劳动生产率和全要素生产率增速在过去的 5 年中为 G7 集团增速最高；新兴市场与发展中经济体整体增速止跌，2017 年实现七年以来的首次回升，达到了 4.6% 的增长速度。

但是，当前世界经济仍处于深度调整期，经济复苏动力相对不足与逆全球化等各种风险交织在一起，成为影响世界经济持续增长的难点。一是保护主义不断升温。特别是特朗普上台后，美国无视国际规则，违背了世界贸易组织的基本精神和原则，采取单边主义措施，对中国等国家发动贸易战，破坏了国际贸易关系和全球经济秩序，是一种逆全球化举动。二是全球流动性持续收紧。主要发达经济体货币政策收紧预期走强使全球流动性出现紧缩，尤其是美联储加息和"缩表"政策，促使全球资金从新兴市场国家向美国流动，造成新兴市场国家资本市场波动，土耳其、南非、阿根廷等新兴经济体先后出现金融不稳的局势。三是世界经济增长后劲乏力问题仍未得到有效解决。世界经济领域中增长动能不足、经济治理滞后以及发展失衡三大矛盾没得到有效解决。特别是传统增长引擎对经济的拉动作用减弱，人工智能、3D 打印等新技术虽然不断涌现，但新的经济增长点尚未形成。

（二）新一轮科技革命和产业变革加速推进，但发达与欠发达地区的技术鸿沟不断拉大

当前，全球科技创新活动不断突破地域、组织、技术的界限，技术更新和成果转化更加快捷，由新一代信息技术等引领的新一轮技术和产业革命，正在对旧的经济模式进行颠覆和重塑。科技创新已成为经济结构调整和产业持续健康发展的决定性力量。为在全球新一轮竞争中把握主导权和主动权，世界各国纷纷都将创新提升到国家发展战略的核心层面，特别是以中国、印度、巴西等为代表的发展中国家，分别提出《国家创新驱动发展战略纲要》《印度十年创新路线图（2010～2020）》等创新战略，不断加大研发投入，科技创新能力逐步增强。

但是，在技术研发和创新领域，发达国家仍然占据绝对优势，比发展中国家拥有更多的创新资源。2017年，G20国家占到了全球研发支出的92%，全球创新前20强的企业中，有13家企业的总部位于美国。按照每百万人中的研发人员数量计算，日本的人力资源实力达到5160人左右，分别相当于印度的22.4倍和印度尼西亚的13.5倍。总的来说，发展中国家和发达国家的技术研发以及创新能力还存在巨大差距。发展中国家在高端技术领域将长期依赖发达国家的技术转移和技术溢出，但在创新竞争和保护主义日益加剧的环境下，这一点也变得愈加困难，两者之间的"技术鸿沟"必将继续加深，将给全球的技术进步与效率提升带来不确定性。

（三）全球产业链发生结构性变化，但制造业依然是全球经济竞争的制高点

长期以来，以美国为代表的发达国家由于占据技术研发和品牌渠道等方面的优势，通过掌握制造业核心关键技术，垄断全球产业链上游和下游的高端环节，获取了全球产业链大部分利润。而我国等发展中国家往往只能依赖自身廉价的劳动力和土地、环境资源，从事组装加工等低端环节。在这种分工体系下，发达国家获得了大量的来自发展中国家供应商的物美价廉的商品和服务，而发展中国家只能从中获取微薄的收益，导致了发展中国家产能过剩、美国等西方国家的过度消费以及产业的空心化等严重后果。后金融危机时代，发达国家为重新建立优势，寻求更大主导地位，发展中国家也在积极不断地向全球产业链上游攀升，引领新一轮全球产业结构调整。

在这一结构性调整中，突出表现为发达国家制造业"逆向回流"和发展中国家制造业"高端跃升"并存。以美国、德国为代表的发达国家纷纷推行再工业化，以运用新的革命性生产方式重塑制造业，提升实体经济竞争力，推动经济强劲复苏。而以我国、印度为代表的主要新兴市场国家，则积极抓住新一轮科技和产业革命大潮，特别是我国通过实施供给侧结构性改革、《中国制造2025》和创新驱动战略，努力提高在国际分工体系中的地位。目前全球制造业出现三大趋势：一是世界各国制造业开始回暖，大国又重新开始重视制造业的发展，如美国发布了先进制造业伙伴计划、德国提出"工业4.0"、法国推出新工业计划等。二是制造业的发展注重制造业和新兴技术的融合，具体体现在智能制造方面，各国纷纷把智能制造作为发展高端制造业的重点和未来竞争的一大焦点，如德国"工业4.0"提出要实现网络化、智能化。三是经济全球化趋势不断加强，特别在制造业领域，全球资源配置正不断加速。

（四）绿色可持续发展已成全球共识，但世界环境资源形势日益严峻

工业化为社会创造了巨大财富，提高了人民的物质生活水平，同时也消耗了大量资源，给生态环境带来了巨大压力。当前，资源与环境问题是人类面临的共同挑战，绿色可持续发展正在成为国际发展的趋势和潮流。特别是在应对国际金融危机和气候变化背景下，推动绿色可持续发展成为全球主要经济体的共同选择。早在2009年，美国就明确提出"绿色新政"，旨在通过大力发展清洁能源，在新兴产业的全球竞争中抢占制高点。同年德国公布了推动经济现代化的战略文件，强调生态工业政策应成为德国经济的指导方针。2012年日本推出了"绿色发展战略"总体规划。以印度、巴西等为代表的新兴市场国家也迅速制订绿色发展行动计划。绿色可持续发展理念已深入人心，渐渐成为全球共识。

然而，全球面临的环境资源形势相当严峻，世界工业化过程不仅对

矿产资源和化石能源等能源造成持续消耗、带来日益严峻的资源短缺，也带来了对全球空气、水资源、土壤，乃至生态环境的破坏，资源和环境的制约成为全球可持续发展面临的一个重大问题。2017年全球石油发现量达到了近70年来的最低水平，世界石油储藏量估计只能供人类利用40~50年，天然气可开采年限约70年。2015年联合国开发计划署的一份调研报告预测，受高温气候影响，到2030年全球或将损失2万亿美元，亚洲和非洲地区的欠发达国家损失尤其严重。显然，靠大量消耗资源能源、污染环境的"暴饮暴食"型发展方式将难以为继。

二、江西推进经济高质量发展面临的国内形势

在供给侧结构性改革深入推进、消费对经济增长的基础性作用不断增强等综合带动下，我国经济将继续保持总体平稳、稳中向好的发展态势，但也存在中低端领域竞争相对优势弱化、中高端领域关键核心技术缺乏等严峻挑战，这对江西推动经济高质量发展来说，既是机遇又是挑战。

（一）经济运行总体平稳、稳中向好，但打好三大攻坚战任务仍然艰巨

2018年上半年，我国主要宏观调控指标处于合理区间，国内生产总值同比增长6.8%，连续12个季度稳定运行在6.7%~6.9%的中高速区间，经济运行呈现出增长平稳、物价温和、就业向好、国际收支基本平衡的良好运行格局；经济结构持续优化，服务业对经济增长贡献率达到60.5%，对经济增长的"压舱石"作用继续巩固，最终消费支出对经济增长贡献率达到78.5%，消费对经济增长的基础性作用不断增强，我国经济继续保持总体平稳、稳中向好的发展态势。同时，面对复

杂严峻的国际形势和艰巨繁重的国内改革发展稳定任务，中央坚持稳中求进的工作总基调，通过精密部署系统谋划，防范化解重大风险、精准脱贫、污染防治三大攻坚战已取得初步成效。

但是，也要清醒地看到，经济社会发展中还存在风险隐患，脱贫攻坚任务艰巨，生态环境保护任重道远。其中，重大风险特别是金融风险尤为突出，影子银行、房地产泡沫、地方政府债务等"灰犀牛"风险高居不下，2017 年，我国的宏观杠杆率达到 247.35%，企业部门杠杆率达到 156.9%，均高于国际警戒线；2017 年末全国尚有贫困人口3046 万人，仍然是全面建成小康社会的一个"短板"；《2016 中国环境状况公报》显示，全国空气质量达标地级及以上城市仅占 1/4，地表水国控断面劣五类比例超过 8%，垃圾围城、垃圾围村现象仍时有发生。同时由环境问题引发的群体性事件日益增多，2017 年全国环保举报管理平台共接到环保举报近 62 万件，严重影响社会和谐稳定。如果不能有效化解过去积累的风险，进而出现重大系统性风险，高质量发展就失去了基础和前提，如果精准脱贫和污染防治的目标没有实现，高质量发展就失去了重要内涵和完整意义。

（二）新一轮改革开放举措正在加快落地，但制度性障碍影响改革红利的释放

党的十九大以来，党中央在深化供给侧结构性改革、完善政府和市场关系、深化国资国企改革、加强区域协调、促进乡村振兴、扩大对外开放等方面，有针对性地推出了一系列重大改革举措。"放管服"改革、创新驱动发展战略和减税降费等方面的工作扎实推进，改革开放出现新局面。特别是在 2018 年博鳌亚洲论坛年会上，习近平总书记宣布我国政府将采取大幅度放宽市场准入、创造更有吸引力的投资环境、加强知识产权保护和主动扩大进口等重大举措，释放出强烈的改革开放信号，充分显示了我国改革再深入、开放再扩大的坚定决心。

但是，在经济发展的过程中，发展方式粗放，发展不平衡、不协调、不可持续等问题日益突出，我国制度建设不充分的矛盾正在逐步放大，市场在资源配置中发挥决定性作用还面临一些体制机制约束，监管体系、产品质量、食品安全、知识产权保护等方面的制度缺口还很明显，有利于落实创新、协调、绿色、开放、共享的制度环境还未全面形成，这些都对经济发展形成一定的阻碍作用。全面深化改革将触及深层次的社会关系和利益调整，统筹兼顾各方利益的任务艰巨，凝聚改革共识形成共同行动准则的难度加大，因此改革开放不可能一蹴而就，改革开放的红利释放也绝非一日之功。这就要求我们精心设计改革方案，完善改革落地机制，充分调动各方面的积极性，使改革各项工作深入细致，不断增强高质量发展的可持续性。

（三）科技创新支撑引领作用不断增强，但技术进步与扩散的效应减弱

我国始终把科技创新作为提高社会生产力和综合国力的战略支撑，摆在国家发展全局的核心位置。党的十八大提出实施创新驱动发展战略。党的十八届五中全会提出"创新、协调、绿色、开放、共享"的发展理念，把发展的基点放在创新上，使之成为引领发展的第一动力。2016 年，中共中央、国务院发布《国家创新驱动发展战略纲要》，提出我国科技创新"三步走"战略目标，规划了我国以创新支撑和引领现代化建设和中华民族伟大复兴的路径和方案。在新发展理念和战略规划的正确指引下，我国科技创新能力不断提升，以新技术、新产业、新业态、新模式为代表的新经济茁壮成长，创新引领发展作用更加凸显。2017 年，科技进步贡献率达到 57.5%，全要素生产率增长率为3.14%，对经济增长的贡献率为 45%。

但是，我国创新能力不强，关键领域核心技术受制于人的局面没有根本改变。特别是在经济转向高质量发展阶段，不掌握核心技术，单纯依靠技术模仿和学习的模式无法延续。一方面，低端技术的流入与扩散对经济的提升效应明显下降；另一方面，发达国家对新技术的扩散控制更加严格。为此，经济的高速增长和持续发展的动力必须转到依托自主研发和科技创新的路子上来。但由于科技创新基础薄弱、研发人员相对

较少和资金投入不足等问题的长期存在，自主创新能力不强和缺乏核心技术已成为很多行业和企业的通病。技术进步与扩散对经济发展的促进作用逐渐减弱将是未来我国经济面临的主要挑战之一。

（四）产业转型升级速度加快，但迈向全球价值链中高端面临更大压力

当前，我国正积极参与全球产业链合作，不断延伸产业链条和自主生产网络，积极调整产业结构和推动发展方式转型，中高级技术行业占工业经济比重不断加大，产业特色和产业优势逐步显现。与此同时，我国经济正处于经济换档提质、转型升级的新时期，社会人口、收入结构正在经历转折性变化，供给侧结构性改革深入推进，产业政策环境、制度环境等不断优化，产业转移以劳动密集型加工装配环节和中低端生产制造环节为主的现象日渐改善，国际一流的、领先的工业生产技术、产业研发、营销、服务等领域转移开始增加，产业发展向中高端迈进。特别是《中国制造2025》的出台，为新一代信息技术、生物医药与生物制造、高端装备制造、新能源等产业发展带来新一轮重大机遇，产业转型升级明显在提速。

但也要看到，我国产业发展面临的风险和攻坚克难的难度仍然很大，特别是制造业迈向中高端面临"双向挤压"的严峻挑战。在中低端领域，发展中国家之间的低成本、低价格竞争日趋激烈。目前，我国制造业工资远高于东南亚等国，加速了在华跨国公司制造业向低成本发展中国家转移。在中高端领域，以美国、德国为代表的发达国家相继出台制造业复兴计划，始终掌控着重点行业和领域的关键核心技术，并在国际标准制定方面掌握着话语权。同时，国内存在制造业结构调整、劳动力供给下降等因素影响，我国制造业原有的比较优势正在逐渐消失，迈向全球价值链中高端的发展目标正面临前所未有的压力。

三、江西推进经济高质量发展面临的省内形势

近年来，江西经济发展新动能正加快形成、供给体系质量和效率有所提升、经济发展环境不断改善等有利形势为推动经济高质量发展奠定坚实基础，但仍面临着产业转型升级压力较大、资源能源约束日趋增强等严峻形势。

（一）经济发展新动能正加快形成，但产业转型升级压力仍然较大

近年来，江西先后出台了《关于深入实施创新驱动发展战略推进创新型省份建设的意见》《关于加快发展新经济培育新动能的意见》《关于深入实施工业强省战略推动工业高质量发展的若干意见》等一系列重大举措，推出了改革开放和实施大众创业、万众创新的若干政策措施，为加快培育新动能提供了有力支撑。2012～2017年，三次产业结构由11.7∶53.8∶34.5调整为9.4∶47.9∶42.7，金融资产总量比2012年翻一番。2017年，江西产业结构出现第一产业增加值占GDP比重降至10%以下、服务业增加值占GDP比重超过工业两个转折性变化，战略性新兴产业增加值同比增长11.6%，较2016年提高0.9个百分点，占规模以上工业比重的15.1%，较2016年提高0.2个百分点；高新技术产业增加值增长11.1%，较2016年提高0.3个百分点，占规模以上工业比重的30.9%，较2016年提高0.8个百分点。

但是，江西产业结构中资源型、高耗能的传统产业仍占主导地位，以智能制造、数字经济为代表的高新技术产业和现代服务业发展不足。截至2017年底，全省拥有高新技术企业2295家，实现增加值2508亿元，而湖南、湖北高新技术企业分别突破3000家和5000家，高新技术产业实现增加值分别达到8119亿元和5841亿元。同时，伴随着"刘易

斯拐点"的迫近，老龄化问题、原材料成本上升问题等日益显现，根据预测，到 2026 年左右，江西将面临劳动力供给短缺问题；2017 年全省社会物流总费用占 GDP 比重为 16.6%，高于国家平均水平 2 个百分点。此外，江西还存在自主创新能力不强、人才资源匮乏、体制机制不畅等制约转型升级的短板因素，并面临国内外竞争加剧、资源环境约束等不利因素和挑战，产业发展已经进入"爬坡过坎、不进则退"的关键期。

（二）供给体系质量和效率有所提升，但难以跟上人民群众需求的升级步伐

党的十八大以来，面对持续的经济下行压力，江西全面落实"三去一降一补"，深入推进"降成本、优环境"专项行动，通过淘汰技术落后、环保不达标和过剩产能，加快对"僵尸企业"的处置，市场供求关系明显改善，企业经营状况好转、效益回升，打响了供给侧结构性改革的"江西品牌"。截至 2017 年底，江西提前完成"十三五"钢铁去产能任务，煤炭去产能任务已完成"十三五"目标的 71.6%，商品住宅库存平均去化时间下降到 5.8 个月，先后出台降成本优环境 130 条政策措施，两年累计为企业减负 1500 亿元。2016 年规模以上工业实现利润总额 2399.4 亿元，增长 11.9%，同比大幅提高 9.5 个百分点。

但是，江西现有的供需水平仍难适应未来经济发展的需要。特别是随着居民收入的持续增长和中等收入群体不断扩大，消费结构持续向高端化、个性化、服务化转型升级，消费需求逐步从数量满足型转向质量追求型，对商品和服务质量的要求日渐提高，供给体系中低端产品过剩、高端产品供给不足矛盾尤为突出。以农产品为例，江西农产品主要以初加工为主，精深加工比例低，综合利用水平不高，2017 年农产品加工率为 60.9%，低于全国 66% 的平均水平。面对人民日益增长的美好生活需要，必须坚持以供给侧结构性改革为主线，减少无效和低端供给，扩大有效和中高端供给，加快促进要素流动和优化配置，实现更高水平的供需平衡。

(三) 经济发展环境不断改善，但资源能源约束日趋增强

"一带一路"、长江经济带、长江中游城市群等国家战略的实施，改变了江西"不东不西、不南不北"的尴尬地位，加上赣江新区、赣南苏区振兴发展、国家生态文明试验区建设等重大战略，将为江西发展开辟新的领域、拓展新的空间。即将在江西形成的沪昆和京九高铁一纵一横大通道，将构建起承东启西、纵贯南北的内陆双向开放大通道，为加速资源集聚、要素流动、动能积蓄提供强有力支撑。特别是在省委十四届六次全会后，江西将会以更大力度、更实举措在科技创新、重点改革、内陆开放、区域协调、城乡融合、厚植人文上求突破和在生态质量效益、营商环境、老区人民福祉上谋提升，江西经济发展的环境正在发生翻天覆地的变化。

但是，随着工业化、城镇化快速推进，江西面临的资源、能源和环境压力不断增大。2016 年，江西能源供需总体缺口较大且以煤为主的能源格局并未改变，煤炭占能源消费量的比重为 66%，分别高出世界平均水平和工业化国家 39.5 个百分点和 44.6 个百分点；六大高耗能行业增加值占规模以上工业增加值的比重为 36% 左右，综合能源消费量占比高达 86.2%；农村和城市环境均受到较大挑战，农业面源污染已成为环境污染的主要污染源之一，2016 年城市生活污水 COD 排放量为 44.54 万吨，增长 12.3%；城市生活二氧化硫排放量为 1.41 万吨，增长 14.2%。因此，江西作为欠发达省份，在未来很长一段时间内面临着经济发展与生态保护的双重压力，必须充分利用国家生态文明试验区建设这块"金字招牌"，率先走出一条生态与经济协调发展的崛起新路，加快破解能源资源和环境制约的难题。

四、江西推进经济高质量发展的现实意义

加快推进江西经济高质量发展，是从更高层次贯彻落实习近平总书记对江西工作的重要要求的应有之义和战略之举，也是做好当前和今后一个时期江西发展改革工作的出发点和落脚点，对于江西适应社会主要矛盾变化，保持江西经济持续健康发展，建设富裕美丽幸福现代化江西，具有重大的现实意义。

（一）推进经济高质量发展是江西适应社会主要矛盾变化的必然要求

实践证明，发展始终是解决我国一切问题和矛盾的"总钥匙"。在改革开放初期，我国社会主要矛盾是人民群众日益增长的物质文化需要同落后的社会生产之间的矛盾，如何有效地提高生产效率改变短缺经济状况，即解决"有没有"的问题，成为当时经济发展的主要任务。进入新时代，我国社会主要矛盾已经转化为人民日益增长的美好生活需要和不平衡不充分的发展之间的矛盾，这个矛盾在经济领域集中表现为供给结构不能适应需求结构的变化，经济发展的任务也从主要解决"有没有"转向解决"好不好"的问题。推进经济高质量发展，就是要坚持质量第一、效率优先，以供给侧结构性改革为主线，减少无效和低端供给，扩大有效和中高端供给，为全面满足人民的美好生活需要提供更高水平的产品和服务。

（二）推进经济高质量发展是保持江西经济持续健康发展的迫切需要

改革开放 40 多年来，江西利用劳动力、土地、环境的低成本大力

发展工业，在推动国民经济发展的同时也带来了一系列发展的"瓶颈"和难题，土地空间、能源资源、人口承载、生态环境等约束日益增强，经济增长与生产要素供给紧张的矛盾日趋尖锐，传统的"高投入、高消耗、低产出、低效益"粗放型经济增长方式日益难以为继。如何改变经济增长对资源和要素投入的过度依赖，从而实现经济增长方式由"粗放型"向"集约型"转变，是江西当前保持经济持续健康发展需要迫切解决的主要矛盾。推动经济高质量发展，就是坚持创新驱动战略，更多依靠科技进步、劳动者素质提高和管理创新驱动，构建实体经济、科技创新、现代金融、人力资源协同发展的产业体系，加快突破发展要素"瓶颈"制约。

（三）推进经济高质量发展是打造美丽中国"江西样板"的根本途径

环境问题归根结底是发展问题，最终要通过绿色发展解决。党的十八大以来，江西积极践行"绿水青山就是金山银山"的理念，抓住国家生态文明试验区建设的历史性机遇，坚持走绿色发展之路，2017年战略性新兴产业、高新技术产业增加值占规模以上工业增加值比重分别为16.9%和33%，森林覆盖率保持全国第一，保持水、大气、生态环境质量全优。但也要认识到，作为欠发达省份的江西，正处于工业化城镇化加速推进阶段，资源能源消耗与污染物排放总量仍在增加，环境容量压力较大，环境历史欠账较多。面对加快发展和环境治理的双重任务，必须通过大力发展无污染、低消耗、高附加值的高新技术产业、新兴产业，推动经济高质量发展，实现规模速度型经济发展方式向质量效益型转变，实现生态效益与经济效益双提升，走出具有江西特色的绿色发展新路。

（四）推进经济高质量发展是决胜全面建成小康社会、建设富裕美丽幸福现代化江西的重要保障

江西省委十四届五次全会提到，确保到2020年与全国同步全面建成小康社会，在此基础上，努力建设富裕美丽幸福现代化江西。从发展实际看，江西经济社会发展取得了积极成效，2017年地区生产总值突破2万亿元，产业结构出现"农业比重降到10%以下、服务业增加值超过工业比重"两个转折性变化，但与粤、浙、鄂、湘、闽、皖等周边省份比，江西总量垫底的局面没有改变。此外，江西人均GDP、城乡居民收入差距、农业农村现代化等主要指标均与建设富裕美丽幸福现代化江西的要求相去甚远。进入新时代，必须坚持以新型工业化为核心，大力发展现代服务业，协调推进农业农村现代化，不断增强江西经济实力和人民生活水平，推动经济高质量、跨越式发展，加快破解决胜全面建成小康社会、建设富裕美丽幸福现代化江西的"短板"。

第三章
江西经济高质量发展的现状特征与主要问题

一、江西经济高质量发展的现状特征

近年来，江西紧紧立足内陆欠发达省情实际，从更高层次贯彻落实习近平总书记对江西工作的重要要求，按照"创新引领、改革攻坚、开放提升、绿色崛起、担当实干、兴赣富民"工作方针，在推进江西高质量、跨越式发展的实践中，不断写好"创新篇"、下好"改革棋"、走好"开放路"、打好"绿色牌"，连年位于全国经济增长第一方阵，跑出了"江西速度"，经济增长的结构、质量、效益积极变化，高质量发展进入蓄势筑基期、改革红利释放与发展成果共享提升期、创新驱动关键期、美丽中国"江西样板"攻坚期，经济社会全面发展上升到新的高度和历史方位，为建设富裕美丽幸福现代化江西呈现出更新更好发展态势。

（一）经济从高速增长转向中高速增长，高质量发展进入蓄势筑基期

进入 21 世纪以来，江西长期保持着两位数的高速增长，2001～2012 年经济总量由 2003 亿元增至 12949 亿元，年均增速达到 12.31%。随着我国经济进入新常态，江西开始淡化"速度情节"，更加注重发展的质量与效益，2013～2018 年，江西地区生产总值年平均增速下降至 9.3%，但通过大力实施技术改造、培育壮大经济增长新动能、坚决淘汰落后产能、不断优化经济和产业结构，把实体经济做实做强做优，江西经济高质量发展积蓄了充足能量。具体主要表现在以下几个方面：一是与高质量发展相适应的经济增长方式正在形成，积极顺应人民日益增长的美好生活需要，不断优化消费供给、提高消费质量，推动消费与投资共同成为驱动经济增长的重要动力。2013～2018 年江西固定资产投资、社会消费品零售总额、外贸出口年均分别增长 14.2%、10.7% 和 4.9%。二是与高质量发展要求相适应的产业结构体系日益协调，2017 年出现第一产业增加值占 GDP 比重降至 10% 以下、服务业增加值占 GDP 比重超过工业两大标志性变化，2018 年三次产业结构进一步调整优化为 8.6∶46.6∶44.8。其中，全省战略性新兴产业、装备制造业和高新技术产业增加值同比分别上涨 11.6%、13.8% 和 12.0%，均快于规模以上工业增加值增速，且占比均比 2017 年进一步提高。三是高质量发展主力军日益壮大，围绕产业链补链强链，紧盯新产业、新动能，做大做强龙头企业、高新技术企业等主力军，2013～2018 年，江西净增规模以上工业企业 4981 户、新增国家高新技术企业 1775 家。

2018 年，江西经济高质量发展取得新突破，主要经济指标实现"4个突破""8个前移"：地区生产总值突破 2 万亿元，人均 GDP 突破 7000 美元，金融机构本外币存款余额突破 3 万亿元，城镇居民人均可支配收入突破 33000 元；科技进步综合水平、地区生产总值、一般公共预算收入、规模以上工业增加值、固定资产投资、外贸出口、城镇和农村居民人均可支配收入在全国位次前移。这些成就为更好地贯彻落实新

发展理念，加快建设现代化经济体系，进一步推动江西经济高质量发展奠定坚实基础。

（二）以供给侧结构性改革为主线的改革持续深入，高质量发展步入改革红利释放与发展成果共享提升期

江西坚持把供给侧结构性改革作为经济工作主线，把经济体制改革作为全面深化改革的重点，持续释放改革红利，把人民群众满意作为一切工作的出发点和落脚点，大力推动经济发展成果更多更公平地惠及全省人民，2018年全省城镇、农村居民人均可支配收入分别增长8.4%、9.2%，城乡居民收入水平呈现增速高于全国、总量与全国差距逐渐缩小的发展态势。一是着力推进供给侧结构性改革。去产能积极有效，提前完成"十三五"钢铁去产能任务，大幅上调"十三五"后期煤炭去产能任务，仅保留江西省能源集团和萍乡、新余两市63处煤矿。房地产去库存步伐提速，商品住宅库存平均去化时间下降到5.8个月，2018年12月末商品房待售面积同比下降15.9%。去杠杆力度加大，2018年末全省规模以上工业企业资产负债率51.7%，同比下降0.7个百分点，低于全国平均水平4.8个百分点；主营业务收入利润率6.73%，比2017年提高0.26个百分点，高出全国平均水平0.24个百分点。降成本效果显著，2016～2018年先后出台降成本优环境152条政策措施，各地、各部门出台420多条配套举措，逐步构建了"省级政策+部门配套+市县举措"的政策体系，累计为企业减负2800亿元，2018年规模以上工业企业每百元主营业务收入中的成本为86.61元，同比减少0.36元。补"短板"精准发力，2018年全省高新技术产业和工业技改投资分别增长33.5%和39.1%，均明显快于全部投资增速；一般公共预算支出中，教育支出、社会保障和就业支出、医疗卫生支出分别较上年增长11.9%、14.9%和19.2%。二是全面推进国资国企、农业农村、财税金融等重点领域改革。持续推进国资国企混合所有制改革，推动混合所有制企业员工持股试点工作，2018年省属国企整体混改率达到73.5%。在剥离国企办社会职能方面，江西是全国社区移交最好的省

份，创造了省属企业社区移交"江西速度"。大力实施乡村振兴战略，稳步推进农村集体产权制度、农村承包地"三权"分置等改革，截止到 2018 年底，全省核实集体资产 958.2 亿元，消除集体经济"空壳村"5499 个，农地流转率达到 45.7%，余江宅基地制度改革继续走在全国前列。财税金融改革不断深入，省市县财政事权与支出责任划分等改革继续深化，"金融赣军"逐步壮大，2018 年金融资产总量比 2012 年翻一番，"财园信贷通""财政惠农信贷通"累计发放贷款 2138 亿元。三是统筹推进基本公共服务均等化。2013~2018 年累计筹集财政性资金 6700 亿元，每年办成 50 多件民生实事。把脱贫攻坚作为第一民生工程和头等大事，贫困人口由 2013 年末的 346 万人减至 87.54 万人，贫困发生率由 9.21% 降至 2.37%；牢牢把握就业这个民生之本，累计新增城镇就业 330.7 万人，城镇登记失业率始终保持在 3.5% 以下，累计新增转移农村劳动力 357 万人；坚持教育优先发展，92 个县（市、区）通过义务教育基本均衡国家认定，全省普通高校由 2012 年的 88 所增加到 100 所；大力推进健康江西建设，基层医疗卫生机构达标率提高到 90% 以上，贫困人口就医自付比例降至 10% 以下。

（三）产品和服务供给不断迈向价值链中高端，高质量发展转入创新驱动关键期

党的十八大以来，江西坚持向改革开放要动力，向创新创业要活力，大力实施创新驱动"5511"工程，战略性新兴产业倍增计划、传统产业转型升级工程、服务业发展提速三年行动计划、企业技改"三千计划"、农业结构调整"1+9"行动计划等重大工程计划，一、二、三产业协调发展、传统新兴产业齐头并进的现代化产业体系加快构建，高质量发展转入创新驱动关键期。一是农业创新驱动加快，涌现一批知名农业品牌。江西通过实施乡村振兴战略统领现代农业发展全局，紧扣打造全国知名的绿色有机农产品供应基地目标，深入推进农业供给侧结构性改革，启动实施农业结构调整"1+9"行动计划，以"农业质量年"为抓手，大力推动农业创新、品牌建设。2016 年江西被农业部列

为全国唯一的"绿色有机农产品示范基地试点省";2017年全省"三品一标"农产品总数达4712个,位居全国前列;2018年,婺源绿茶、崇仁麻鸡入选"中国特色农产品优势区",赣南脐橙、庐山云雾茶等品牌跨入"2018中国品牌价值百强榜"行列,"生态鄱阳湖、绿色农产品"品牌和影响力日益显现。二是新兴产业、新产品发展速度加快,供给质量明显提高。随着江西经济结构调整和转型升级不断深入,新产业、新产品、新业态较快增长,企业经营质量效益持续改善,供给质量明显提高。2018年,全省战略性新兴产业、装备制造业和高新技术产业增加值同比分别上涨11.6%、13.8%和12.0%,均快于规模以上工业增加值增速,且占比均比2017年进一步提高。其中,电子信息、航空产业主营业务收入分别增长24.1%、23%。工业新产品快速增长,印制电路板同比增长53.6%,LED管增长23.1%,智能手机增长10.6%,多晶硅增长30.3%,新能源汽车也继续保持大幅增长态势。三是服务业有效和中高端供给不断扩大,对经济贡献率稳步提高。江西通过充分发挥生态、资源和区位优势,以产业转型和消费升级为导向,以创新驱动和供给侧结构性改革为动力,推动生产性服务业向专业化和高端化拓展、生活性服务业向精细化和高品质提升,加快做大服务业经济总量,提升服务业发展质量和水平。2018年,全省规模以上服务业营业收入增长8.7%,实现利润增长12.6%,同比提高2.6个百分点;服务业增加值占全社会生产总值的比重达到44.8%,比2017年提高2.1个百分点,对经济增长的贡献率达到48.1%,比2017年提高0.2个百分点;旅游业快速发展,国内游客数达6.86亿人,旅游总收入突破8000亿元,比2017年增长26.6%。四是创新平台引擎作用有效发挥,为新旧动能转换提供有力支撑。通过大力实施创新驱动战略,江西"一廊两区五城多点"区域创新布局加速成型,创新平台载体建设不断加强,科技支撑经济发展的能力进一步增强。2018年,中科院江西产业技术创新与育成中心、民航江西航空器适航审定中心等挂牌成立,大飞机C919在瑶湖机场成功转场试飞,全年新增国家级平台载体、新获批国家级星创天地30家;全省综合科技进步水平在全国排名由2013年的 25 位前移至 19 位,连续五年实现提升;发明专利申请和授权量同比分别增长 38.2% 和 23%;技术成交额增长到 115.8 亿元,首次突破百亿元大关。

(四)绿色生态这一"最大财富、最大优势、最大品牌"加速凸显,高质量发展进入美丽中国"江西样板"攻坚期

2016 年 2 月,习近平总书记视察江西时强调,绿色生态是江西最大财富、最大优势、最大品牌,一定要保护好,做好治山理水、显山露水的文章,走出一条经济发展和生态文明水平提高相辅相成、相得益彰的路子,打造美丽中国"江西样板"。全省上下认真贯彻落实习近平总书记对江西工作的重要指示,稳步推进国家生态文明试验区建设,积极探索生态文明建设新模式,大力培育绿色发展新动能,高质量发展进入美丽中国"江西样板"攻坚期。一是开展生态环境治理与资源保护攻坚,巩固提升"最大优势"。牢固树立生命共同体意识,大力开展山水林田湖草生态保护修复,实施森林、湿地、生物多样性等重大生态质量提升工程,深入推进长江经济带"共抓大保护"攻坚行动,扎实开展"净空、净水、净土"行动,坚决打好污染防治攻坚战,推动江西实现天更蓝、地更绿、水更清、生态更优美。2018 年,全省 PM2.5 浓度同比下降 17.4%,空气优良天数比例达 88.3%,全省森林覆盖率稳定在 63.1%,如期完成消灭监测断面劣 V 类水任务,国考断面水质优良率达 92%,成为全国唯一"国家森林城市"设区市全覆盖的省份。二是实施绿色生态产业体系攻坚,持续释放"最大财富"。一方面,通过实施传统制造业绿色化改造、开展工业能效提升行动、推进资源高效综合利用等降低能源消耗,2018 年,江西钢铁有色等四大高耗能产业用电量下降 0.74%,新兴产业用电量增长 50.4%,全省单位 GDP 能耗、水耗预计分别下降 4.6% 和 5%;另一方面,以"绿色生态农业十大行动"、重点用能单位"百千万"行动等为抓手,加快推进产业生态化、生态产业化,推动"绿水青山"转化为"金山银山"。2018 年,江西高新技术产业增加值增长 12%,占规模以上工业的 33.8%,全省林业总产值突破 4000 亿元，全省旅游接待总人次和旅游总收入分别增长 19.7%、26.6%，旅游总收入突破 8000 亿元。三是加快生态文明制度探索攻坚，逐渐打响"最大品牌"。全面推进五级"河长制""湖长制""林长制"，率先建立全流域生态补偿机制，率先开展生态文明建设评价考核，江西的生态司法体制改革、余江农村宅基地制度改革试点、萍乡海绵城市建设、新余生态循环农业等走在全国前列，形成"江西模式"。2018 年，形成 26 项生态文明制度创新成果，全面划定生态保护红线，完成自然资源资产负债表编制试点并全面推开。

二、江西经济高质量发展存在的主要问题

高质量发展是构建现代化经济体系的基本命题，是产业迈向中高端在更宽领域、更深层次的实现与升华。目前，江西经济发展质量不高，部分行业虽然已经接近或赶上国内先进水平，但整体仍处于产业链、价值链中低端，核心竞争力不强，与发达地区差距依然明显。当前，江西经济高质量发展存在的问题，既有历史因素导致的"路径惯性"，也有发展不足带来的"低端锁定"，根源在于高质量要素和高效制度存在"供给缺口"。

（一）与高质量发展相适应的评价制度体系存在"供给缺口"

目前，江西高质量发展的制度体系没有完全建立起来，高质量发展缺乏高效、明确的导向考核机制，导致部分地区仍然存在"唯 GDP 论"的"路径惯性"。一是缺乏充分反映高质量发展水平的评价指标体系。江西现有指标体系反映经济建设方面的指标偏多，反映社会发展、人与自然和谐发展的指标少，反映总量指标多；反映结构调整和转型升级的指标少，反映新经济新动能成长和质量效益方面的指标也不充分，

不能为有效分析研判江西新经济新动能成长和质量效益方面的状况提供更加全面、准确、完整、及时的信息依据。而在高质量发展提出不久，为全面反映和科学考量高质量发展进程，2018年，江苏、天津、湖北等省份相继制定出台高质量发展统计监测体系。二是缺乏全面的、系统的、可操作的高质量发展政绩考核机制。政绩考核体系应该体现发展的质量和效率，及时地进行变革，从而引导地方政府将工作目标集中到高质量发展、平衡充分发展上来。近年来，江西生态文明建设评价考核走在全国前列，但高质量的内涵更加丰富、内容更加全面，必须同时重视创新、协调发展等方面的评价考核。如海南在市县发展综合考核评价办法，对相同的指标，在不同的区域赋予不同分值和权重，另外对12个市县取消GDP、工业、固定资产投资的考核。

（二）与高质量发展相匹配的现代化产业体系发展不足

当前江西产业结构在加速调整期，但由于产业之间的融合性、产业链环节的协调性尚未全面系统提升，产业转型升级所必需的技术和制度创新往往具有明显的路径依赖特征，依靠低成本要素投入和技术引进模仿来实现总量规模快速扩张带来的沉淀成本、规模经济和既得利益的作用，影响了技术创新意愿和生产效率提升，进而阻碍产业高质量发展。一是产业结构发展"路径惯性"依然存在。2018年，江西省三次产业结构为8.6∶46.6∶44.8，仍然呈现出"二三一"的产业格局，其中服务业增加值占GDP比重比全国平均水平低7.4个百分点，在中部六省中列倒数第一位。从各大产业发展来看，第一产业中传统农业重，新型农业轻，农业产业中粮、猪二元结构特征明显，粮食、生猪所占比重过大；第二产业中传统工业重，新兴工业轻，2018年全省高新技术产业增加值占规模以上工业增加值比重33.8%，战略性新兴产业增加值占规模以上工业增加值比重17.1%，均低于中部省份湖北、湖南、安徽；第三产业中劳动密集型服务业重，技术密集型服务业轻，批发和零售业、交通运输业、住宿餐饮业和房地产业等传统服务业仍占据主体地位，占全省服务业增加值的比重超过40%，以信息传输、软件、信息技术服务等为代表的高技术服务业和以租赁、商务服务等为代表的营利性服务业增加值占比仅为 24.5%。二是产业整体处于国际价值链中低端。部分新兴产业仍在继续走"搞组装、重规模"的老路，出现高端产业低端化现象，陷入"低端嵌入"困境，产品以低技术含量、低附加值为主，大部分产品处在价值链的中低端，难以满足不断提升的多样化、个性化、多层次的商品和服务需求。2018 年中国品牌价值百强榜中，江西未有企业入选。占据江西工业约 70% 的传统产业仍然以传统产品为主，转型升级受"路径依赖"影响较大，以江西有色产业为例，基本上处于销售原料和产品初级加工阶段，矿业发展重开采，轻冶炼及产品深加工，产业链条短，就地加工转化程度低，矿产品单一。

（三）与高质量发展相配套的创新要素与支持体制供给不足

目前，江西自主创新能力不强，全要素生产率还不是效率源泉的主体，以企业为主体的创新体系尚不完善，自主创新能力偏弱，关键材料、核心零部件仍严重依赖进口，产业链与创新链融合不紧，科技创新对产业转型升级的支撑有待进一步提升，与科技创新较先进省份相比，还存在不少差距和短板。一是创新龙头企业、尖端人才、研发资金等高质量创新要素供给不足。江西没有"985"高校、没有国家大院大所、没有国家大科学装置。截至 2018 年末，共有国家工程（技术）研究中心 8 个，国家级重点实验室 5 个，仅占全国总量的 1%，低于湖北、湖南、安徽和河南。全省没有一家权威机构发布"独角兽"企业。数据显示，省内高校博士、硕士、本科毕业生留在江西工作的比例分别是 85%、60%、50%，两院赣籍院士总数达 66 人，在赣服务的仅 3 人，国家"千人计划"引进海外高层次人才 5208 名，在赣服务的仅 15 人。全省 R&D 经费支出 387.8 亿元，占 GDP 的比重为 1.4%，低于全国 2.18% 的平均水平，离 2020 年 2.0% 的目标还有很大差距。二是创新成果转化缺乏高效的体制机制供给。科技成果转化渠道不畅，专业化的技术转移和成果转化机构少而弱，融资规模小，缺少面向全国资源的成果转化平台，全省 2018 年签订技术合同 3024 项、成交金额 115.8 亿元，远低于兄弟省份湖北、湖南和安徽；创新型省份建设中 12 项可同口径比较的定量指标排在全国前十位的才两项。这直接制约了江西高新技术企业的壮大和产业发展，2018 年，江西经国家认定的高新技术企业数量位居中部地区第五，高新技术产业总体规模在中部排名靠后。

（四）与高质量发展相协调的营商环境仍未全面形成

江西的本土发展环境依然存在短板，阻碍要素流动、制约生产力发展的壁垒和障碍还不同程度存在。一是市场融资环境不佳制约了企业高质量发展。江西资本市场存在证券化率较低、流动性偏弱、金融资产总量不足、上市公司数量较少且质量不高、区域股权市场建设滞后等金融抑制现象。截至 2018 年末，全省辖区内共有境内上市公司 42 家，占沪深两市上市公司比例 1.2%，在中部地区排名第 5，且后备上市资源不丰富。受融资渠道狭窄、间接融资成本较高等因素影响，中小企业融资难问题仍未得到根本性扭转，民营企业贷款增量占全部企业贷款增量的比重较低。二是行政审批等制度性交易成本阻碍了企业经营成本下降。行政审批环节多、办事效率低的问题仍然存在，导致制度性交易成本居高不下，交易时间长。2018 年江西企业注册开办时间压缩至 5 个工作日，而湖南在 2017 年实行企业开办"一厅申请、集中审批"，实现企业开办 3 个环节"并行集中办理"，将企业开办时间压缩至 3 个工作日以内。安徽企业开办时间也压缩至 3 个工作日以内。《省级政府和重点城市网上政务服务能力调查评估报告（2019）》显示，江西尚未进入 2018 年省级政府网上政务服务能力总体排名和重点城市网上政务服务能力总体排名前十名。2018 年，江西省规模以上工业企业每百元主营业务收入成本 87.08 元，较全国平均水平 83.88 元高出 3.2 元。三是公平竞争的市场环境尚未真正形成。江西市场准入和市场监管制度仍不完善，不同地区、行业、所有制之间的市场壁垒依然存在，民营经济在资金政策、要素条件、体制机制等方面仍然面临隐性障碍，行政性垄断、所有制歧视时有发生，民企合法投资权益得不到全面保护，在一定程度上影响投资积极性和转型主动性。

第四章

江西高质量发展水平评价与比较

对江西经济高质量发展水平进行评价和测度，有助于进一步厘清江西高质量发展存在的不足，找准江西高质量发展水平在全国的地位，为推动江西实现高质量发展提供参考。因此，必须在深刻理解高质量发展内涵的基础上，立足江西现有基础，提出江西高质量发展水平评价体系，对江西高质量发展水平进行整体评估和对比分析。

一、指标构建标准、评价方法及数据来源

（一）指标体系构建

高质量发展是经济发展到一定阶段的成果，它不仅仅描述经济总量与规模的水平，更多的是强调经济结构的协调性、经济动能的可持续性、社会发展的和谐以及人民生活的提高等。根据经济高质量发展的相关论述，结合已有学者研究成果，本书认为高质量发展是经济发展、结构协调、创新驱动、开放升级、绿色发展、成果共享六个方面的综合。

（1）经济发展。经济发展是检验高质量发展的基本尺度，是指一

个国家或地区在经济总量和规模增长的同时，经济社会结构不断持续协调和完善创新的过程，是从"有没有"转向"好不好"的前提，是财富和经济机体的量的增加和扩张，更是质的变化。经济发展程度的测度可以选取人均国内生产总值、全社会固定资产投资、工业增加值、人均用电量、社会消费品零售总额等指标。

（2）结构协调。经济结构体现了科技发展、社会进步和最终产品需求等各个方面，是判断经济发展质量的重要标准之一。经济结构主要包括产业结构、城乡结构、贸易结构等，经济结构的合理和协调程度，直接影响到经济发展质量和效益的协调性。对经济结构协调性的测度可以选取服务业增加值占 GDP 比重、制造业投资占固定资产投资比重、产业结构与就业结构偏离度、税收收入占一般公共预算收入比重、城镇化率、居民消费支出占 GDP 比重等指标。

（3）创新驱动。创新是引领发展的第一动力，是实现高质量发展的重要手段，也是新时代衡量高质量发展的重要标准，经济增长主要依靠科学技术的创新带来的效益来实现，用技术变革提高生产要素的产出率。当前，科技创新已经成为世界各地经济发展的新动能。创新驱动能力的测度可以选取 R&D 经费支出占 GDP 比重、高新技术产业主营业务收入、R&D 人员数、专利申请授权数、技术合同成交金额等指标。

（4）开放升级。党的十九大报告指出，"开放带来进步，封闭必然落后"。中国开放的大门不会关闭，只会越开越大。开放是高质量发展的必由之路，高质量发展是开放升级的重要标志，开放升级不仅有利于企业增强国际竞争力，也有利于满足人民美好生活需要。开放升级程度的测度可以选取实际利用外资占 GDP 比重、对外贸易依存度（进出口总额占 GDP 比重）、对外承包工程营业额占 GDP 比重、对外直接投资、国际旅游（外汇）收入占 GDP 比重等指标。

（5）绿色发展。绿色发展是传统经济追求速度发展模式的创新，是指经济发展需要在生态环境和资源承载力的容许范围之内，并且将生态可持续性发展作为经济发展的重要目标之一的发展模式。绿色发展是高质量发展的重要目标之一，高质量发展建立在绿色不断强化的基础上，两者是良性互动、循环推进的关系。绿色发展程度的测度可以选取万元 GDP 能耗、废水排放强度、耕地面积、森林面积、工业固体废物综合利用率、工业废气排放强度等指标。

（6）成果共享。共享发展是判断改革开放成功与否的根本标准。习近平同志指出，改革发展搞得成功不成功，最终的判断标准是人民是不是共同享受到了改革发展成果。高质量发展的最终目的是人民生活的高质量，让更多群众从发展中得到好处，收入、医疗、教育、就业等多方面提升，因此，应把发展成果共享和居民生活质量的提升作为评价标准之一。成果共享程度的测度可以选取居民消费水平、城镇居民人均可支配收入、农村居民人均可支配收入、每千人卫生技术人员数、城镇登记失业率等指标。

根据以上指标选择标准，建立江西经济高质量发展测度指标体系，如表 4-1 所示。

表 4-1　江西经济高质量发展测度指标体系

目标层	准则层	指标层	单位
江西高质量发展测度指标体系	经济发展	人均国内生产总值	亿元
		全社会固定资产投资	亿元
		工业增加值	亿元
		人均用电量	度
		社会消费品零售总额	亿元
	结构协调	服务业增加值占 GDP 比重	%
		制造业投资占固定资产投资比重	%
		产业结构与就业结构偏离度	—
		税收收入占财政总收入比重	%
		城镇化率	%
		居民消费支出占 GDP 比重	%
	创新驱动	R&D 经费支出占 GDP 比重	%
		高新技术产业主营业务收入	亿元
		R&D 人员数	人
		专利申请授权数	项
		技术合同成交金额	亿元

续表

目标层	准则层	指标层	单位
江西高质量发展测度指标体系	开放升级	实际利用外资占 GDP 比重	%
		对外贸易依存度	%
		对外承包工程营业额占 GDP 比重	%
		对外直接投资额	亿元
		国际旅游（外汇）收入占 GDP 比重	%
	绿色发展	万元 GDP 能耗	吨标准煤
		废水排放强度	—
		耕地面积	千公顷
		森林面积	万公顷
		工业固体废物综合利用率	%
		工业废气排放强度	—
	成果共享	居民消费水平	元
		城乡居民人均可支配收入比	—
		一般公共预算支出中教育支出所占比重	%
		每千人卫生技术人员数	人
		城镇登记失业率	%

（二）评价方法

由于高质量发展涉及的领域较多，在查阅相关评价测度文献的基础上，结合本书所需要的纵向和横向对比的要求，选择因子分析法为江西高质量发展水平的评价测度方法。因子分析法（Factor Analysis Method）由 Karl Pearson 和 Charles Spearmen 等于 20 世纪初首先提出。因子分析法是考虑各指标间的内部依赖关系，利用降维思想把多个指标用少数几个被称为公因子的不可观测变量来表示的一种计量方法。利用因子分析法，能够使用少数几个变量来表示原变量的主要信息，进而可以替代原来变量来解释一些经济、社会信息等，其在综合评价实践中具有较多优势。本书首先按照特征根大于等于 1 的公因子选择原则，运用最大方差法进行因子旋转，得到江西 2010～2016 年的成分矩阵，计算得出江西这七年经济高质量发展水平的综合得分，并对此结果进行分析；其次分别计算出 2010 年和 2016 年全国 28 个省份的发展质量的综合得分，对全国各省的数据进行对比分析；最后对影响江西省经济高质量发展水平的要素进行归类，为后文提出推动江西高质量发展的对策建议提供实证支撑。

（三）数据来源

基于数据的完整性考虑，本书选取 2010～2016 年相关数据进行分析，基础数据来源于各个省份统计局数据库、国民经济和社会发展统计公报以及科技统计年鉴。其中，涉及金额的各项指标均通过当年汇率换算后得出。此外，宁夏、西藏和新疆的指标数据缺失较多，因此排除上述省份，全国共选取 28 个省份进行测算和比较。

二、江西省高质量发展水平测度

采用倒数法对逆向指标进行正向化处理，通过 SPSS 20.0 软件进行分析，根据特征值≥1 且累积方差贡献率大于 85% 的原则选取四个主成分，所得结果全部通过 KMO 检验和 Bartlett's 球型检验，结果如表 4-2 所示。

表 4-2　解释的总方差

成分	初始特征值			提取平方和载入		
	合计	方差的%	累积%	合计	方差的%	累积%
1	23.643	73.885	73.885	23.643	73.885	73.885
2	4.915	15.358	89.243	4.915	15.358	89.243
3	1.655	5.171	94.413	1.655	5.171	94.413
4	1.074	3.356	97.769	1.074	3.356	97.769

由表 4 - 2 可知，前四个成分已经累积达到 97.769%，说明四个主要成分能够反映原始变量 97.769% 的信息，基本可以反映原始变量总体信息，且所含信息互不重复，表 4 - 3 为根据因子分析方法得到江西 2010～2016 年因子得分。

表 4 - 3　江西近七年高质量发展水平变化情况

年份	F1	F2	F3	F4	总得分
2010	- 1.2667	- 1.65351	0.44992	0.39162	- 1.15344
2011	- 0.9481	0.25977	- 0.11715	- 1.18727	- 0.66667
2012	- 0.47967	0.80405	- 1.82763	0.19037	- 0.32542
2013	- 0.10609	0.98628	0.73986	1.51973	0.11135
2014	0.37409	0.70115	1.1334	- 0.21096	0.44269
2015	0.92047	- 0.05641	0.33044	- 1.30023	0.68851
2016	1.506	- 1.04134	- 0.70883	0.59675	0.91613

为了更好地反映 2010～2016 年江西经济高质量发展水平变化情况，根据表 4 - 3 作出相应的因子得分走势，具体如图 4 - 1 所示。

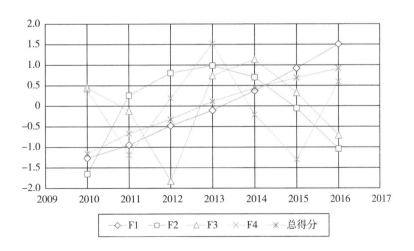

图 4 - 1　江西经济高质量发展水平因子得分走势

从历年发展质量得分来看，2010～2016 年江西省经济高质量发展水平保持上升趋势，2010 年后经济发展质量不断提高。2010～2012 年得分为负数，说明这三年全省经济发展质量低于 2010～2016 年的平均水平。具体来看，2010～2012 年，江西经济总量较小，各项指标在全国排名比较靠后；产业结构、城乡结构不优，高耗能产品、低端产品占比较高；创新能力不强，2012 年全省企业研发经费仅达到 2016 年的一半左右；开放领域不广，国际产能合作、对外承包工程等"走出去"项目仍在酝酿和起步阶段；成果共享不够，2010 年全省社会消费品零售总额不到 2016 年的一半，城乡收入比、教育支出、卫生人员数等指标相比 2016 年存在一定差距。2013～2016 年，江西高质量发展水平得分为正数，经济发展质量高于 2010～2016 年的平均水平。总体而言，党的十八大以来，全省在转变经济发展方式、优化经济结构、转换增长动力等方面取得了明显进步。

从因子具体变化情况来看，总得分与因子 F1 的走势较为平稳，且形态相近，表明因子 F1 对江西经济高质量发展具有决定性的作用，而因子 F1 主要包括经济发展和创新驱动的所有指标、绿色发展中的森林面积和工业废气排放强度以及成果共享中的居民消费水平、教育支出比重和千人卫生技术人数，可以认为，经济总量增加、创新能力提升以及生态环境良好三个方面对经济发展质量提高的影响程度最大。F2、F3、F4 三个因子包含经济结构、开放程度和成果共享方面的指标信息，主贡献率相对较小，主要原因是江西的产业结构、城乡结构等经济社会结构距离高质量发展要求仍然存在一定差距，对外开放、利用外资、进出口贸易等方面存在不足，经济发展成果对居民生活水平提升的拉动作用不够明显。值得注意的是，2014 年开始，F1、F2、F3 三个因子出现了不同程度的下降，造成因子总得分上升速度放缓，一方面是由于近年来全省深入实施供给侧结构性改革，加快转方式、调结构步伐，经济增速、产业结构、生态环境的再平衡需要一定过程；另一方面则是由于民生获得了更多关注，发展成果开始惠及全民，造成以成果共享指标为主的 F4 因子对总因子得分的影响程度增加。

三、江西高质量发展水平在全国的地位及变化

根据 2010～2016 年江西省高质量发展的因子分析结果，可知全省经济发展质量在近 7 年明显提升。为了进一步厘清江西经济发展质量在全国范围内的水平，采用因子分析法，对 28 个省份 2010 年和 2016 年经济高质量发展水平进行测度，因子分析结果如表 4－4 所示。

表 4－4　2010 年和 2016 年全国 28 个省份高质量发展水平情况

省份	2010 年		2016 年		排名变动
	因子得分	排名	因子得分	排名	（正代表升，负代表降）
北京	1.370	1	0.813	3	－2
广东	0.773	2	1.181	1	1
上海	0.690	3	0.473	6	－3
江苏	0.583	4	0.901	2	2
天津	0.479	5	0.210	7	－2
浙江	0.386	6	0.480	5	1
山东	0.252	7	0.545	4	3
辽宁	0.141	8	－0.287	20	－12
黑龙江	－0.045	9	－0.292	21	－12
福建	－0.054	10	0.024	10	0
湖北	－0.058	11	0.054	9	2
四川	－0.068	12	－0.008	12	0
内蒙古	－0.109	13	－0.519	27	－14
河北	－0.168	14	－0.169	19	－5
河南	－0.191	15	0.187	8	7
安徽	－0.198	16	0.017	11	5
吉林	－0.204	17	－0.410	24	－7

省份	2010 年		2016 年		排名变动
	因子得分	排名	因子得分	排名	（正代表升，负代表降）
湖南	− 0.207	18	− 0.058	13	5
云南	− 0.214	19	− 0.160	17	2
海南	− 0.236	20	− 0.372	23	− 3
江西	− 0.247	21	− 0.167	18	3
重庆	− 0.265	22	− 0.151	16	6
陕西	− 0.281	23	− 0.123	14	9
山西	− 0.300	24	− 0.451	25	− 1
广西	− 0.399	25	− 0.126	15	10
青海	− 0.403	26	− 0.761	28	− 2
甘肃	− 0.472	27	− 0.461	26	1
贵州	− 0.554	28	− 0.370	22	6

从表 4 − 4 所得出的 2010 年和 2016 年全国 28 个省份的经济高质量发展水平来看，部分省份排名出现较大变动。北京、上海、广东、江苏、浙江和山东等省市排名靠前，经济发展质量较高。2016 年北京和上海排名略有下降，原因在于 2010 ~ 2016 年广东、江苏、浙江和山东四个省份在全社会固定资产投资、社会消费品零售总额、高新技术主营业务收入等经济发展和创新驱动指标上增长速度快于北京和上海两地，因子得分随之提升。就江西来看，因子得分由 2010 年的 − 0.247 提升至 2016 年的 − 0.167，排名上升三位，说明江西经济发展质量提升速度快于全国平均水平。但需要注意的是，2016 年江西经济发展质量的因子得分仍然为负数，说明经济发展质量仍然低于全国平均水平，有较大的提升空间。

四、全国28个省份高质量发展水平比较

根据 28 个省份在 2010 年与 2016 年综合得分和排名的变化情况，可以将 28 个省份高质量发展水平分为显著上升型、相对稳定型和大幅下降型三种。

（一）显著上升型

2010～2016 年，广西、陕西和河南三个省份的发展质量测度排名有较明显提高，2016 年相对 2010 年分别上升 10 名、9 名和 7 名。但广西和陕西的因子得分较低且均为负数，说明广西和陕西发展质量低于全国平均水平，但质量提高速度较快。从政策上分析，过去几年广西在推进供给侧改革、实施乡村振兴、推进更高水平的开放合作、提升绿色发展水平以及以精准脱贫为重点抓好民生工作等方面取得突破，摒弃单一依赖资源、土地、劳动力等要素驱动的粗放式发展模式，在推动转变发展方式、优化经济结构、转换发展动力上有显著成效，初步实现投资有回报、企业有利润、政府有税收、居民收入增长与经济发展同步。陕西高质量发展排名的重大前进，主要得益于近几年来稳中求进的工作总基调，实现支撑经济高质量发展的有利条件累积增多，发展新动能不断成长、结构持续优化，质量效益稳步提升。河南从 2010 年综合得分为负数到 2016 年的正数，发展质量已经提高到全国平均水平之上，取得了不小的突破，主要得益于近几年河南经济总体平稳、稳中有进、稳中提质、稳中向好，坚持做好改革、开放、创新三篇大文章，发展的可持续性增强，使经济发展加快由数量和规模扩张向质量和效益提升转变。

（二）相对稳定型

从综合得分和排名来看，大部分省份排名变动不大，其中福建、四川和浙江最为稳定，福建和四川的排名没有变化，浙江上升了1名，同时，福建和四川排名中间靠前，浙江则是发展质量较高的省份。从政策上分析，浙江推进高质量发展实施的举措是浙江经济良好发展的重要原因之一，其中包括对供给侧结构性改革的稳步推进，以"最多跑一次"改革撬动重点领域改革，着力实施亩均效益改革；将创新摆在经济发展的重要位置，强调创新对经济高质量发展的引领作用，大力发展优势产业和新兴产业；深入践行"绿水青山就是金山银山"理念，探索生态价值实现机制，实施绿色发展财政奖补机制，推进环境治理工作等。福建则围绕建设创新型省份，打出"松绑+激励"组合拳，激发各类创新主体活力，福厦泉国家自主创新示范区获批并加快建设，泉州获批《中国制造2025》城市试点示范，中科院海西研究院三期等"国字号"研发机构相继落地，"6·18"对接科技成果转化项目5852项，研发经费投入增速高于全国。四川在经济高质量发展上发力，针对发展"短板"，重点开展一系列创品牌提质量的活动，并取得显著成效，在"中国质量奖"、国家地理标志保护产品和驰名商标上都有重大突破。成都作为四川的省会城市，将改革创新作为发展的首要战略举措，更加坚定地发展新动能，用科技创新来带动城市的全面创新，在改革创新试点方面编制清单，总结经验，在最大范围内带动创新辐射能力。四川在全社会开展"双创"活动，尤其是激励科技人员勇于创新，积极创业，并成功获批国家级引领型知识产权强省建设试点省。

（三）大幅下降型

相比2010年的发展质量得分和排名，辽宁、黑龙江、内蒙古以及吉林均有明显下降，不仅排名下降快，而且综合得分均为负数，始终低于全国平均水平，经济发展质量不高。值得注意的是，四个省份均为北方资源大省，除内蒙古外，其余均为东北三省。结合形势变化可以发现，随着科技发展、技术革新，以及产品结构的需求发生变化，东北三省的资源优势逐渐弱化，过去以牺牲资源和环境为代价的粗放型重工业增长模式成为东北三省提高发展质量的"绊脚石"。同时，生育率下降、人才大量外流等不利因素也对东北三省的发展质量造成了不利影响。进入高质量发展阶段，东北三省面临诸多困难，如经济回升基础不稳、下行压力较大、体制机制性矛盾较多、结构性问题凸显、新旧动能转换不快、环境污染治理力度需要加强、城乡居民增收渠道不宽等。内蒙古同属资源型省份，也面临转型任务艰巨、工业投资和民间投资放缓、现代服务业和战略性新兴产业发展不足、人才总量质量不高、科技创新能力不强、城乡区域发展不平衡、基础设施保障不够、环境问题突出、全面开放程度需要进一步提高，等等，特别是一些旗县财政比较困难，城乡居民收入低于全国平均水平，脱贫攻坚任务十分艰巨。

第五章

兄弟省份推进高质量发展的经验举措

一、兄弟省份高质量发展实践

党的十九大提出，我国经济由高速增长阶段转向高质量发展阶段，国内各省份纷纷响应高质量发展要求，在深入贯彻创新发展、协调发展、绿色发展、开放发展、共享发展五大发展理念上下功夫，制定规划、采取措施进一步推动经济高质量发展，其中不少省份取得了一定成效，积累了好的经验做法，本章对它们进行简要概述，从而为江西推动经济高质量发展提供参考和借鉴。

（一）把创新发展作为第一动力

党的十八大提出，实施创新驱动发展战略，强调科技创新对社会生产力和综合国力的提高起着战略支撑作用，必须摆在国家发展全局的核心位置。北京、上海、山东和广东等省份把创新作为引领发展的第一动力，近年来取得了一定成效。

北京大力推动创新发展，紧跟国家发展战略需求，发展高精尖产业，加快全国科技创新中心建设。不断改革创新体制机制，进一步整合各种创新资源，组建北京量子信息科学研究院、脑科学与类脑研究中心、智源人工智能研究院等新型研发机构，逐步形成产学研用创新链条，推动综合性国家科学中心建设。深化"三城一区"建设，制定规划、设计方案不断提高服务创新主体的能力。不断发展城市创新文化，增强城市创新活力和氛围，推动更多重大标志性原创成果出现。2018年，北京国家高新技术企业达到2.5万家、增长25%，平均每天有199家创新型企业新设立，全市技术合同成交额增长10.5%。北京深刻践行高精尖产业发展指导意见，大力发展新一代信息技术，制订行动计划和方案推进5G、人工智能、智能网联汽车、无人机以及医药健康等产业的发展，因地制宜引导各区选择主导产业以及重点培育产业方向。进一步出台财政、土地、人才支持政策，如中关村国际人才20条新政，推动北京创新驱动发展进程。

上海大力发展高端制造、品质制造、智能制造、绿色制造"四大制造"，不断提升研发、设计和管理能力，推动制造业高标准、高质量发展，打响"上海制造"品牌。加快世界级新兴产业发展，推动产业改造升级、技术创新、成果产业化以及创新平台的建设，深入实施创新驱动战略，加快互联网、大数据、人工智能与制造业的融合发展，推动服务型制造业发展，提升上海制造业创新能力和核心竞争力。近年来，上海制造业自主创新能力显著提升，互联网、大数据以及人工智能的应用水平提高，国际高端智造中心基本建成，逐步成为全球卓越制造基地。2018年前三季度，上海工业战略性新兴产业总产值7664.28亿元，比去年同期增长3.5%。此外，上海不断加快世界级先进制造业集群建设，逐步构建汽车、电子信息、高端装备、绿色化工、民用航空和生物医药六个领域内的世界级先进产业集群，并进一步打造世界级制造品牌，提升上海在全球价值链分工中的地位。

山东立足自身实际，不断引导发展主体趋向以创新能力为核心的竞争方式和行为选择，努力构建高质量发展的创新驱动体系。出台支持实体经济高质量发展45条，从降本增效、创新创业、产业升级、招商引资、招才引智、金融支持、用地供应和制度保障八个方面着手，解决发展中存在的突出矛盾和问题，推进新旧动能转换，加快实体经济高质量发展。山东抓住新旧动能转换综合试验区建设机遇，凝聚各类资源要素，重点推动新材料、新设备、新工艺、新技术领域的创新驱动发展。2018年，新登记四新企业2.5万个，四新经济投资占全部投资40%以上，服务业对经济增长贡献率超过60%。山东优先发展有明确的合资、技术、股权等需求，技术水平高、发展潜力大、示范效应强，能带来较高市场占有率和业务利润率的重大项目。2018年，从新旧动能转换重大项目库遴选了110个重大建设项目和首批450个优选项目，截至2018年，110个重大建设项目已累计投资1112亿元，450个优选项目已开工360个，完成投资1600亿元。

广东深入实施创新驱动发展战略，制定实施"科技创新十二条"，不断加强基础与应用基础研究，进一步开展重点领域研发活动。2018年，广东研发经费支出超过2500亿元、占地区生产总值比重达2.65%，有效发明专利达24.9万件，区域创新综合能力排名保持全国第一。深入开展省部院产学研合作，推动各部门创新创业资源共享，加快与中科院合作的27个重大项目发展进程。大力推动创新创业基础设施建设，启动第二批3家省实验室建设，顺利推进大科学装置配备。开展高新技术企业树标提质行动，目前广东拥有国家级高新技术企业数量超过4万家，企业数量、总收入和净利润等都位列全国第一。推动包括智能电视、新能源汽车以及工业机器人等在内的新经济发展，2018年广东新经济增加值占地区生产总值比重达到25.5%。进一步完善科技成果转移转化激励政策，着力推进珠三角国家科技成果转移转化示范区建设。大力引进高层次人才，聚焦关键核心领域高层次人才需求，推进重点产业人才队伍建设，进一步实施"珠江人才计划""广东特支计划"以及省人才优粤卡政策等，积极推动创新创业团队和高层次人才的引进与培育，为广东创新驱动发展提供人才支持。

（二）推动协调发展成为关键一招

北京、河北、天津推动京津冀协同发展的实践和湖北落实"一芯两带三区"推动经济协调发展均取得不错成绩，积累了一定经验。

北京着力疏解非首都功能，近些年坚持和强化首都核心功能，调整和弱化不适宜首都的功能，逐步把一些功能转移到河北、天津。不断落实城市总体规划，实施疏解整治促提升专项行动，推动京津冀地区协同发展。推进疏解整治与优化提升、加强环境整治，促进城市品质和人居环境的提升，制定实施相应政策引导一般制造业企业退出，进一步疏解提升北京市场和物流中心。北京全力支持雄安新区建设，高标准高质量打造北京非首都功能疏解集中承载地；高水平建设城市副中心，优化重组北京功能布局，促进河北雄安新区和北京城市副中心形成"两翼"之势，开拓区域发展新空间。京津冀协同发展战略实施五年来，开展了教育、医疗卫生、科技创新、交通等多个领域的合作项目，对口支持的四所北京学校在雄安校区正式挂牌，全面启动5所医疗卫生机构对口帮扶工作，城市副中心控制性详细规划获党中央、国务院批复，市级行政中心正式迁入，公共设施逐步完善，逐步形成"一核"辐射、"两翼"齐飞的格局，北京的资源要素在更大范围进行优化配置，为协同发展提供了新的动力。

河北积极对接京津、服务京津，不断加快自身发展，深入推进改革创新、开放合作，加快实现新旧动能转换，推动污染治理和生态修复，营造良好人居环境，着力推进脱贫攻坚，实现经济发展成果共享，加快建设经济强省、美丽河北。紧抓京津冀协同发展和北京非首都功能转移的重大机遇，扎实有效推进京津冀协同发展、雄安新区规划建设、冬奥会筹办这"三件大事"。进一步融入京津冀协同发展，与北京、天津实施新一轮战略合作。统筹规划北京城市副中心建设，着力推动交通、产业、生态环保三大领域发展，构建综合交通体系，使与京津联系更加便利，推动协同发展。2018年，河北完成84项协同发展事项，太行山高速建成实现南北贯通，省内高速公路和铁路总里程排全国第二位，完成北京大兴国际机场主体工程。

天津落实国家重大战略，积极推动京津冀协同发展，把承接北京非首都功能疏解作为重要着力点，围绕"一基地三区"定位，确立

"1+16"承接格局，推动生产力布局、城市空间格局进行战略性重构。同样，天津深化供给侧结构性改革，注重在"破""立""降"上下功夫，认真做好"加""减""乘""除"法，推动"三去一降一补"五大任务顺利实施。创新协同发展体制机制，推动京津冀18项改革举措和天津16项改革举措取得更大进展；融入"一带一路"建设，加强与沿线国家在产业、能源、基础设施等领域的互利合作；加快实施项目带动战略，逐步放开养老、医疗、教育等领域市场准入限制，着力推动基础设施、科技创新、高端产业、民生和公共服务以及生态环境五个领域重大项目建设；促进实体经济转型发展，建设京津冀大数据综合试验区，培育形成新动能主体力量。

湖北落实"一芯两带三区"战略，大力推动区域平衡、城乡融合、产业协同、特色分工发展。实施"一芯驱动"，培育"芯"产业集群，增强中心城市辐射带动力。推动集成电路在内的高新技术产业、战略性新兴产业以及高端成长型产业发展，强化武汉主中心带动作用，推动襄阳、宜昌省域副中心地位发展。推动"两带支撑"，依托长江经济带、汉江生态经济带，以沿线重要城镇为节点，打造长江绿色经济和创新驱动发展带、汉随襄十制造业高质量发展带，推动传统产业转型升级，加快电子信息、高端装备、新能源新材料等先进制造业的发展。促进"三区协同"，推进鄂西绿色发展示范区、江汉平原振兴发展示范区以及鄂东转型发展示范区的协同发展，鄂西绿色发展示范区重点发展文化旅游、生态农业、清洁能源等绿色产业，形成绿色发展增长极；江汉平原振兴发展示范区主攻特色农业，形成特色产业增长极；鄂东转型发展示范区，推动冶金、建材等传统产业转型升级，形成全省转型发展增长极。

（三）把开放发展作为必由之路

福建、江苏和广东等省份大力推动对外开放合作，在开放发展方面取得了显著成效。

福建突出开放发展，不断扩大对外交流合作空间；坚持把开放作为发展的必由之路，推动开放平台建设，采取措施吸引国内外投资，营造良好开放环境，促进开放型经济水平提升。积极融入"一带一路"建设，2018年，福建与海上丝绸之路沿线国家和地区贸易额增长11%以上，丝路海运开通，增开台闽欧班列达到175列，加强了与30多个欧亚大陆城市的联系，成功举办世界妈祖文化论坛、海丝博览会等。福建进一步实施54项创新举措，深化自贸试验区改革开放，推动平潭综合实验区"一岛两窗三区"建设，不断加快福州新区全域开发以及滨海新城建设，实施促进闽台经济文化交流合作66条措施并取得成效。在国际新形势下，积极应对中美经贸摩擦，推出稳定和促进对外经贸发展相关措施，创新外贸模式，促生外贸新业态，推动厦门跨境电商综合试验区建设，在石狮服装城进行市场采购贸易方式试点，全面提升福建对外开放水平。

江苏全力做好扩大向东开放和引领向西开放的文章，充分发挥"一带一路"交汇点作用，继续保持在各个领域的开放优势。制定出台相关政策高质量推进"一带一路"交汇点建设，实施国际综合交通体系拓展等"五大计划"，拓展与沿线国家和地区的合作。2018年，江苏新增"一带一路"沿线对外投资项目230个、同比增长50%；对沿线国家出口增长9.6%以上，占比提升到24%以上。江苏不断统筹外经贸、外事以及外宣工作，进一步发挥连云港战略支点作用，推动中哈物流合作基地和上合组织（连云港）国际物流园的高标准建设，组织参与了首届进口博览会，累计成交金额58.9亿美元，居全国第二位；不断加强科技、教育、文化、旅游、体育、环保以及和平等领域与国际的交流合作，推动江苏由开放大省向开放强省转变。

广东高标准推进粤港澳大湾区建设，不断提升开放合作水平。创新大湾区建设体制机制，出台如取消办理就业许可证、科研经费跨境使用、实施港澳居民居住证等政策，进一步便利港澳居民到内地发展。推动广深港澳科技创新协调发展，建设国际科技创新中心。不断完善基础设施建设，促进广深港高铁的运营和维护，加快口岸和新通道建设，完善通关政策，推动粤澳合作发展基金的进一步运营。推动广东自贸试验区深化改革方案落地实施，充分用好 40 项改革自主权，推广改革创新经验。广东积极参与"一带一路"建设，2018 年对沿线国家进出口总额增长 7.3%、实际投资增长 64.2%。深化对外交流合作，与 8 个建交太平洋岛国签署合作备忘录，建立起 26 个驻境外经贸办事机构，推动中新广州知识城发展，将其打造成为国家级双边合作项目。

（四）推动绿色发展成为普遍形态

浙江、安徽等省份不断深入开展生态文明建设，推动绿色发展成为普遍形态，助力区域经济高质量发展。

浙江深入推进经济社会各领域改革，高度重视深化"亩均论英雄"改革，深入推进"区域能评、环评＋区块能耗、环境标准"改革。亩均效益改革初期，浙江设置亩均税收、亩均销售等指标进行效益评价，逐步以亩均效益论英雄，引导各发展主体节约集约用地；后增加单位能耗增加值、单位排放增加值指标，促进企业进行节能降耗减排，选择绿色发展方式。2003 年开始，浙江就扎实推进"千村示范、万村整治"工程，造就了万千美丽乡村；还举全省之力全面推进大花园建设，加快打造"幸福美好家园、绿色发展高地、健康养生福地、生态旅游目的地"。深化生态文明示范创建，主动融入长江经济带保护行动，高标准推进治气、治水、治土、治废，进一步防治污染。推进生态文明建设，开展蓝天、碧水、净土、清废行动，2018 年，浙江完成 100 个废气清洁排放改造项目，对 100 座城镇污水处理厂进行清洁排放技术改造，完成对 105 个入海排污口的整治。全面建立垃圾分类制度，建立河（湖）长制、湾（滩）长制，进一步巩固"五水共治"成果。严格环保执法，2015 年提出打造最严环保执法省，2016 年开展领导干部自然资源资产离任审计试点，环境执法力度保持全国领先，浙江城乡环境得到大大优化，发展空间得到进一步拓展。

安徽着力推动"三河一湖一园一区"生态示范建设，对巢湖进行新一轮综合治理，全面推行"河（湖）长制"，率先建立"林长制"，推动河长治、湖长治、林长治。2017 年安徽 106 个河湖水质考核断面中，水质优良比例为 77.4%，单位 GDP 能耗下降 5.3%。安徽先后印发了《安徽省生态文明建设目标评价考核实施办法》《安徽省绿色发展指标体系》和《安徽省生态文明建设考核目标体系》，建立了年度评价、五年考核机制，对各市生态文明建设情况进行考核，把考核结果作为党政领导综合考核评价、干部奖惩任免的重要依据。依据"一个办法、两个体系"，2017 年，安徽首次开展了生态文明建设年度评价工作。同时，采取一系列措施持续改善生态环境质量，对农作物秸秆、畜禽养殖废弃物等进行资源化利用，采取奖励措施激励资源综合利用企业和示范园区发展。改造提升"两高一剩"行业，通过差别水价、电价促使落后工艺、设备和产品生产升级。加强城镇环保基础设施建设，吸引企业、集体、个人以及社会组织等投入资金，推动生态保护修复专业化企业的形成以及现代环保产业的发展。不断完善生态环境管理机制，充分发挥市场机制的作用，形成多元化管理模式，进一步完善生态补偿制度，严守各项生态保护红线，保障重点生态功能区发展。逐步建立生态环境损害赔偿制度，进一步将企业环境行为纳入信用评价体系，并完善其与信贷联动机制；实行自然资源离任审计，严格执行生态环境损害责任终身追究制，推动安徽绿色发展的实现。

（五）把共享发展作为根本目的

江苏、天津等省份着力保障和改善民生，推动人民生活高质量的实现，让经济高质量发展成果更多、更公平地惠及全体人民。

江苏指出实现人民生活高质量，要不折不扣地落实国家确定的民生政策，兑现作出的民生承诺，统筹谋划新办的民生实事，高质量推动人民生活水平提升。具体来说，一是着力解决结构性的民生问题。大力推动制度改革，重点解决就业、教育、医疗、养老、社会保障、城市管理等方面存在的民生"难点"问题，更好地满足人民的美好生活需要。二是着力实施普惠性的民生工程。按照江苏省委十三届二次全会确定的标准清单，聚焦基层群众需求，研究落实配套措施，提供相应资源，加快推进基本公共服务标准化，不断提高民生服务水平。三是着力办好扶助性的民生实事。2017 年，江苏年收入 4000 元以下人口已实现整体脱贫，扶贫标准提升到 6000 元。江苏大力实施精准扶贫，聚焦贫困群体，提高保障救助水平，规避脱贫群体因病、残或灾致贫返贫现象的出现。四是着力满足多样性的民生需求。针对不同区域、不同人群开展相适应的民生工作，引导和带领群众参与一些民生工作，发挥群众的主体作用，促进群众幸福感和获得感的增强，实现美好生活的共建共享。同时强化江苏社会治安综合治理，深入开展平安江苏建设，切实抓好安全生产，提升各方面应急能力，营造出人民安居乐业、社会安定有序的良好生活环境。

天津着力保障和改善民生，创新体制机制，破解难点问题，夯实民生保障。坚持以人民为中心的发展思想，把提高人民群众生活质量当成头等大事，近五年来，对民生领域投入不断加大，民生领域财政支出占比达到 75% 以上，连续每年实施 20 项民心工程，着力解决就业问题，促进居民收入增加，不断完善社会保障体系，切实解决"衣食住行、业教保医"等群众最关心、最迫切、最现实的利益问题，满足群众基本保障和基本需求，努力增进人民福祉。更加关注困难群体，为了防止因病返贫、因病致贫，2017 年进一步完善重特大疾病医疗保障制度，将戈谢病和非小细胞肺癌靶向药纳入医保报销范围。与此同时，不断加大对困难群体的保障力度，除统一城乡困难群众低保外，也推动困难残疾人生活补贴和困难老人居家养老服务（护理）补贴标准，实现城乡统一。2017 年启动实施全市棚户区三年清零计划，2018 年继续把棚户区改造列为 20 项民心工程之首。实施更加积极的就业政策，不断健全就业服务体系，围绕京津冀协同发展和"一基地三区"建设，主动对接战略性新兴产业和先进制造业发展，挖掘更多优质就业岗位。实施终身职业技能培训计划，落实重点人群和困难群众就业帮扶措施，围绕新经济、新产业、新业态快速发展，实施高校毕业生就业促进、创业引领、基层成长计划，促进高校毕业生等重点人群就业。大力推动创新创业，多渠道增加居民收入，推动群众共享高质量发展成果。

二、兄弟省份高质量发展的经验启示

（一）实现高质量发展必须加强顶层设计、从上而下高效推进

为推动经济高质量发展，各级政府坚持以习近平新时代中国特色社会主义经济思想为行动指南，科学把握高质量发展的内涵，贯彻创新、协调、绿色、开放、共享五大新发展理念，深化供给侧结构性改革，推动治理体系和治理能力现代化，着力构建市场机制有效、微观主体有活力、宏观调控有度的经济体制。同时，如浙江开展"亩均效益"改革，不断完善推进高质量发展的配套政策，健全标准制度，加强标准化工作，更多参与甚至引领国际标准制度，构建高质量发展标准体系。进一步完善高质量发展的指标体系、政策体系、标准体系、统计体系、绩效评价体系以及政绩考核体系等；并从完善宏观政策、产业政策、微观政策、改革政策、社会政策等多个方面健全更高质量发展的政策体系，营造良好的制度环境。

（二）实现高质量发展必须贯彻质量第一、效益优先原则

建设现代化经济体系，实现高质量发展，既是对当今国际经济发展大势的把握，也是中国新时代经济发展的必然要求。实现高质量发展必须把质量第一、效益优先原则当作贯彻坚持的首要原则。强调质量第一、效益优先，意味着必须实现资源的优化配置，因而要不断完善社会主义市场经济体制，通过去产能、去库存、去杠杆、降成本、补"短板"，优化存量资源配置，扩大优质增量供给，实现供需动态平衡。不断地推动经济发展的质量变革、效率变革、动力变革，依靠创新来提高

全要素生产率。结合国内各省份已开展的做法，要进一步加快发展先进制造业，提高自主创新能力，加强互联网、大数据和人工智能在制造业的应用，推动中高端消费、共享经济、创新引领以及绿色低碳等领域新增长点和新动能的培育。着力推进传统产业优化升级，加快发展现代服务业，促进产业迈向价值链中高端，培育先进制造业集群。同时，优化资源配置，仅强调经济效益是远远不够的，还要重视社会效益和生态效益，把经济效益、社会效益和生态效益有机结合起来，推动经济绿色发展、协同发展。

（三）实现高质量发展必须坚持以人民为中心

把是否有利于解决新时代我国社会主要矛盾，是否有利于解决发展不平衡不充分问题，是否有利于满足人民日益增长的美好生活需要作为判断高质量发展的根本标准，进一步满足人民在经济、政治、文化、社会、生态等方面日益增长的需要。着力保障和改善民生，必须切实解决好就业、教育、医疗、住房、食品安全等领域的实际问题，抓好安全生产，维护社会稳定，努力把民生实事办实、好事办好，更好地满足人民群众对美好生活的新期待，让经济高质量发展成果更多、更公平地惠及全体人民，不断增强人民群众的获得感和幸福感。高质量发展还要实现推动人的全面发展、社会的全面进步，通过加强铁路、公路、水运、航空、管道、电网、信息、物流以及水利等基础设施网络建设，激发和保护好企业家精神、鼓励更多社会主体投身创新创业，弘扬劳模精神和工匠精神、培育更多知识型、技能型、创新型劳动者等，进一步激发全社会创造力和发展活力，实现更高质量、更有效率、更加公平、更可持续的发展。

第六章

推进江西经济高质量发展的总体思路、总体要求、主要目标和重点方向

一、总体思路

以习近平新时代中国特色社会主义思想为指导，从更高层次落实习近平总书记对江西工作的重要要求，坚持把新发展理念作为指挥棒，以供给侧结构性改革为主线，向改革开放要动力，向创新创业要活力，向特色优势要竞争力，推动产业转型升级，坚决淘汰落后产能，大力振兴实体经济，增强创新驱动能力，集聚行业高端人才，加快培育发展新动能，提升开放发展水平，全力优化营商环境，激活发展动力活力，彰显绿色生态优势，推动生态文明建设，打造美丽中国"江西样板"，加快构建具有江西特色的现代化经济体系，推动经济发展质量变革、效率变革、动力变革，确保与全国同步全面建成小康社会，为建成富裕美丽幸福现代化江西奠定坚实基础。

二、总体要求

（1）推动江西高质量发展，必须以习近平新时代中国特色社会主义思想为指导。我国经济已由高速增长阶段转向高质量发展阶段，江西作为中部欠发达省份，正处在大有可为的机遇期，也处在转型升级的阵痛期，要实现江西经济高质量发展，必须始终深入贯彻落实习近平总书记对江西工作提出的"新的希望、三个着力、四个坚持"的重要要求，统筹推进"五位一体"总体布局、协调推进"四个全面"战略布局，坚持质量第一、效益优先，狠抓创新驱动这个根本，补齐发展"短板"，深化供给侧结构性改革，建设实体经济、科技创新、现代金融、人力资源"四位一体"协同发展的现代产业体系，构建市场机制有效、微观主体有活力、宏观调控有度的经济体制，加快建设制造强省、文化强省、生态强省。

（2）推动江西高质量发展，必须突出目标导向、问题导向、效果导向。坚持"创新引领、改革攻坚、开放提升、绿色崛起、担当实干、兴赣富民"的工作方针，紧紧扭住江西高质量、跨越式发展的关键环节和战略重点，在科技创新、重点改革、内陆开放、区域协调、城乡融合、厚植人文上谋求"六大突破"，在生态质量和效益、营商环境、老区人民福祉上实现"三大提升"。把优化发展环境作为聚焦点，以投资贸易便利化、行政效能高效化、服务管理规范化、信用法制制度化为目标，加大对优化发展环境的调研，全方位推进"软环境"领域各项改革，化解影响全省高质量、跨越式发展的主要困难问题。具体实施上，通过差异化的政策配套、评价体系、考核办法，实现资源配置的进一步优化。

（3）推动江西高质量发展，必须全面落实新发展理念。建设创新引领协同发展的产业体系，加快新旧动能接续转换，大力推进产业转型升级，构建高端、高质、高效的现代产业支撑体系。构建新型开放发展体系，深化"放管服改革"，构建公平有序、保护产权的市场环境，推动各种要素资源流向实体经济，积极主动对接融入国家战略，打造内陆双向开放高地，形成全面开放新格局。推进城乡融合区域协调发展，形成"一圈引领、两轴驱动、三区协同"区域发展格局，完善大中小城市和小城镇体系，全面实施乡村振兴战略，缩小城乡差距。完善资源节约环境友好的绿色发展体系，打造美丽中国"江西样板"，深入推进国家生态文明试验区建设，加快形成节约资源和保护环境的空间格局、产业结构、生产方式、生活方式。切实提高脱贫攻坚质量实效，以决胜之势坚决打赢打好精准脱贫攻坚战，坚持以人民为中心的发展思想，深入贯彻共享发展理念，持续加大民生投入，提高民生保障水平，不断增强人民群众获得感、幸福感。

三、主要目标

2025 年，全省经济总量、产业结构、创新能力、开放水平、生态环境、生活质量同步提升，经济高质量发展取得明显进展，达到全国中上游水平。

（1）经济增长高质量。发展效率不断提升，实体经济取得突破，创新资源高度集聚，新的动能蓄势迸发。传统产业、新兴产业、服务业协同发展、同步升级，高新技术产业、战略性新兴产业、生产性服务业占比持续提高，经济总量进一步壮大。实现江西制造向江西创造的转变、江西速度向江西质量的转变、江西产品向江西品牌的转变。形成政策制度科学、资金投入精准、发展动能有力、实体经济壮大、基础设施完善、政商关系和谐、对外贸易稳定的发展局面。

（2）改革开放高质量。按节点落实各项改革具体任务，力争部分领域改革先行突破，破除一系列科技创新的体制性障碍，形成以市场为导向的科技创新投入机制。"放管服"改革走在全国前列，各项审批时限明显缩短，企业生产经营成本、制度性交易成本明显降低，市场主体活力进一步激发，平台作用进一步加大。开放领域不断拓宽，发展环境持续优化，参与"一带一路"建设取得新成果。

（3）城乡融合高质量。新型城镇化加快发展，农民工市民化稳步推进，人口城镇化进程加快，城镇功能更加丰富。保障性安居住房覆盖城镇常住人口达到25%以上，住房供应结构更加合理，实施一系列以农民工市民化为出发点的住房体制改革。绿色建筑大力推进，绿色建筑比例明显提高，到2020年，城镇绿色建筑占新建建筑的比例达到50%，所有新建城区均按绿色建筑集中示范区的要求进行规划、设计、施工、运行。人居环境质量进一步改善，村庄明显干净，村容村貌有所改观，村民环境意识显著提高。乡村振兴取得重要进展，制度框架和政策体系初步健全，乡村风貌明显提升。综合交通体系更加完善，城乡交通基础设施保障能力进一步提高。

（4）生态环境高质量。节能减排取得突破性进展，打赢蓝天保卫战，建立绿色价值全民共享制度，生态扶贫取得决定性成果，生态产品价值得到更多实现。全省森林覆盖率稳定在63%，重要江河湖泊水功能区水质达标率达到91%以上，万元地区生产总值能耗、万元地区生产总值用水量、温室气体以及主要污染物排放量进一步下降，生态环境质量继续位居全国前列。

（5）人民生活高质量。全面打赢脱贫攻坚战。不断消除地区差距、收入差距、城乡差距，改革发展成果更多更公平地惠及全体人员，人民群众的获得感、幸福感、安全感不断提高。老百姓"赚钱"道路进一步拓宽，收入分配格局持续优化，创业热情持续高涨，就业质量不断提高。多层次社会保障体系基本健全，农村留守儿童、妇女、老年人关爱服务体系基本建立。覆盖城乡的多主体供给、多渠道保障、租购并举住房制度基本形成。教育、文化、医疗等公共服务投入不断加大，供给水平明显提高。江西经济高质量发展的主要目标如表6-1所示。

表6-1　江西经济高质量发展的主要目标

准则层	主要指标层	单位	2012年	2017年	2020年	2025年	2025年比2020年累计提高
经济发展	人均国内生产总值	元	28800	43424	55000	83000	50%左右
	500万元以上固定资产投资	亿元	10378	22085	30000	4850	60%左右
	工业增加值	亿元	5828	7789	9200	12000	30%左右
	人均用电量	千瓦时	1926	2799	3400	4800	40%左右
	社会消费品零售总额	亿元	4123	7448	9700	16000	65%左右
结构协调	服务业增加值占GDP比重	%	34.6	42.7	46	51	5%
	制造业投资占固定资产投资比重	%	51.7	48.9	49	50	1%
	城镇化率	%	47.5	54.6	60	65	5%
	居民消费支出占GDP比重	%	35.27	32.1	34	38	4%
创新驱动	R&D经费支出占GDP比重	%	0.88	1.28	2	3	1%
	高新技术产业增加值占规模以上工业比重	亿元	23.8	30.9	46	51	5%
	R&D人员数占社会就业人员比重	人	0.023	0.038	0.05	0.08	0.03%
	技术合同成交金额	亿元	39.78	96.19	145	200	38%左右
开放升级	实际利用外资占GDP比重	%	3.33	3.87	4.2	5	0.8%
	对外贸易依存度	%	16.28	15.05	16	18	2%
	国际旅游（外汇）收入占GDP比重	%	0.24	0.21	0.25	0.3	0.05%
绿色发展	万元GDP能耗	吨标准煤	0.56	0.45	根据国家下达的目标调整		
	达到或好于Ⅲ类水体比例	%	—	—	81以上	82以上	稳定
	县级以上城市空气质量优良天数比率	%	—	—	85以上	87以上	稳定
	主要污染物排放量减少（化学需氧量、氨氮、二氧化硫、氮氧化物）	%	0.87	1.33	根据国家下达的目标调整		
成果共享	居民消费水平	元	10524	17290	22400	34500	9%左右
	城乡居民人均可支配收入比	—	2.54	2.36	2.32	2.28	0.080
	城镇登记失业率	%	3	3.34	小于3.6	小于3.6	稳定

四、重点方向

当前，江西正处在大有可为的机遇期，也处在转型升级的阵痛期，既需要缩小与周边省份的总量差距，又需要解决自身发展的深层次矛盾，推动经济高质量、跨越式发展，必须在动能转换、质量提升、效率变革、思想转型、美丽山水上下功夫。

（一）以动能转换为契机，着力抓住创新引领"牛鼻子"

在世界经济进入深度调整与新一轮科技革命集聚迸发相叠加的背景下，新旧动能转换成为我国构建现代化经济体系的首要战略选择。面对新旧动能转换的重要关口，江西要深入实施创新驱动发展战略，加快创新型省份建设步伐。一手抓"重创"，持续完善创新驱动发展政策体系，整合优势创新资源，提升现有存量，扩张优质增量，优化区域创新格局，提高研发投入水平，促进创新链与产业链有效对接，以关键核心技术突破引领产业创新。一手抓"众创"，强化创新源头供给，主动融入国际国内创业创新大局，广泛吸收有效资源，汇聚"双创"人才，构建区域创新创业服务体系，进一步丰富"双创"园区种类，高水平建设一批"双创"示范基地，形成良好的创新创业生态环境。

（二）以质量提升为目的，着力打好产业升级"主动仗"

随着消费成为江西经济增长的重要推动力，社会对质量的要求愈加强烈。在新产业模式、新消费模式不断涌现与市场环境日趋收紧的双重压力下，加快推动产业升级、提高产品质量成为企业发展的首要任务。一方面，加快转变观念，推动企业承担质量提升的主体责任，大力弘扬工匠精神，厚植企业质量文化，把产业发展重心转移到提高产品质量上来，让"质量第一"成为社会共识。另一方面，大力培育新产业、新动能、新增长极，挖掘高质量发展潜力，顺应产业智慧化、智慧产业化、跨界融合化、品牌高端化的产业升级大势，立足江西资源禀赋和基础条件，发展新制造经济、新服务经济、智慧经济、绿色经济、分享经济，提高产业竞争力。

（三）以效率变革为核心，着力激发开放发展"新活力"

"一带一路"宏大倡议不断推动开放向更深、更广的领域推进，陆海联动、东西互补的开放格局正在加速形成。站在建设内陆开放高地的关键节点上，要紧跟开放大势，推动双向开放升级，主动融入周边发达地区开放辐射圈，积极对接"一带一路"和长江经济带建设，拓展开放格局，提升口岸开放功能，打造能够参与国际物流和全球供应体系的开放平台，发展枢纽经济。同时，加快引进培育开放主体，争取更多世界 500 强、央企和国内知名企业在江西投资设点，放宽企业市场准入，打破民营经济面临的"玻璃门""旋转门"，鼓励民间资本进入垄断领域，完善退出机制，让高效要素进得来，低效要素退得出。

（四）以思想转型为基础，着力铸就营商环境"聚宝盆"

区域发展的速度和质量，不仅与区域位置、发展环境和资源禀赋有关，更与政府的开明程度和思想的解放程度有关。江西不靠海、不沿边，唯有坚持转变思维，加快政府职能转变、建设服务型政府，营造更优营商环境，才能在速度和质量上与发达省份竞争。要对标先进地区，继续做好简政放权的"减法"，落实江西优化发展环境三年行动方案，提高减税降费各项政策执行效率，推进优化发展环境政策措施具体化、责任化、目标化，打造"四最"营商环境；做好政府信用的"加法"，加强政务诚信建设，确保政府诚信履约，杜绝"新官不理旧事"等情况；做好优化服务的"乘法"，推动政务服务标准化，构建全省统一的政务服务平台，完善营商环境评价和政府服务评价机制。

（五）以美丽山水为特色，着力种好生态文明"试验田"

绿水青山是江西最宝贵的财富、最具竞争力的品牌、最具特色的优势，也是推进高质量、跨越式发展必须处理好的最大辩证法。面对国家生态文明试验区建设的历史机遇，要扎实推进"绿色江西"制度创新，在资源利用与环境保护、生态产品价值实现机制、生态文明评价考核制度等方面探索可供全国复制和推广的生态文明建设"江西模式"。持续做好治山理水、显山露水的文章，打好污染防治攻坚战，守住生态保护红线，推进全流域整治，突出抓好长江大保护，全力以赴净空净水净土，深入城乡开展环境综合治理。在产业选择上，更加侧重以科技含量高、环境污染低为特征的新兴产业，在产业布局上，尽可能引导资源要素向园区集中，让江西天更蓝、山更绿、水更清。

第七章
江西高质量发展格局的总体构想

一、构建"一圈、两带、三区"的区域格局

依托各地区发展基础和区位优势，按照"以点带线、以线扩面"的思路，发挥各地区比较优势，贯彻落实省委十四届七次全会精神，全面推动区域高质量发展战略，形成"一圈、两带、三区"的区域高质量发展格局。

（一）一圈

大南昌都市圈位于长江横轴和京九发展纵轴的交汇处，具有承东启西、沟通南北的重要战略地位，交通优势明显，产业发展省内领先、创新资源较为密集、城镇体系层次分明、生态资源优势突出，是江西引领高质量发展的核心区。大南昌都市圈实现高质量发展，有利于增强区域发展的核心动力，推动城市圈内基础设施进一步完善，加深城市圈内不同城市的合作，拓展内部增长空间，树立全省高质量发展的标杆。

依托南昌、九江在区域发展格局中的重要地位，充分发挥大南昌都市圈在江西经济发展中的龙头作用，突出南昌、九江两地高质量发展引

领功能和辐射功能，以南昌、九江、赣江新区等重要节点为核心，以重点产业为支撑，以铁路、公路、航运为链接，构建高质量发展核心圈。突出顶层设计，统筹核心圈内的重点产业优化布局、公共资源合理分配、部门机制充分对接、营商环境标准一致、城镇功能更加协调和生态环境共治共享，引导生产要素合理集聚，创新资源加速聚集，实现核心圈城、镇、乡、村的协调发展。推动核心圈的产业发展、公共服务、基础设施、政府效率、营商环境、保障水平等多方面达到全省领先水平。把核心圈打造成全省发展的核心引擎、产城融合发展示范区、高端产业和创新人才的集聚区，建设富有国际竞争力的先进制造业和现代服务业融合发展先行区。

（二）两带

（1）南北向高质量发展带。依托京九铁路、赣江航运等南北向运输通道，北向联通沿线中部省份和京津冀，南向推进赣南等原中央苏区振兴发展，对接珠三角，发挥大南昌都市圈核心引领作用，以九江市、南昌市、吉安市、赣州市等沿线主要城市为重要节点，构建沿京九线的南北向高质量发展战略主轴。发挥主轴线上南昌作为省会城市的核心功能，突出京九线的辐射作用，合理布局沿线产业。南昌着重培育航空、电子信息、虚拟现实、LED照明、中医药等特色优势产业，做大做强省会城市。九江着重打造京九沿线先进制造基地、区域性航运中心和长江经济带重要节点城市。赣江新区着重以融合协作、创新驱动为主线，打造全省改革创新的先行区和对外开放的第一窗口。赣州着重利用国家政策叠加优势，加快推进省域副中心城市建设。吉安着重布局电子信息、现代农业等产业。

（2）东西向高质量发展带。以沪昆高铁、浙赣线、沪昆高速等东西向运输通道为纽带，发挥"一带一路"和长江经济带通道作用，提升萍乡、新余、宜春、鹰潭、上饶作为节点城市的功能，构建沿沪昆线的东西向高质量发展战略主轴。以开发区、产业园区为载体，东部优先承接长三角地区的产业转移，上饶市发挥作为十字高铁枢纽的优势，发展"两光一车"、大数据、旅游、大健康等产业，对接长三角。鹰潭打好物联网试点"先手棋"，打造绿色铜都、国家智慧新城。西部推动"新宜萍"一体化发展，加强与长株潭地区的产业链合作，加快经济转型升级。宜春大力发展锂电新能源、中医药、大健康等绿色产业。新余做好光伏、钢铁转型发展。萍乡加快打造国家产业转型升级示范城市。

（三）三区

（1）赣南等原中央苏区振兴发展区。加强与闽、珠两地的经济对接，积极融入粤港澳大湾区和海西经济区。依托吉泰走廊、向莆经济带两个重要发展带，提升中央苏区产业支撑。探索生态产品价值实现的赣南模式，构建山水林田湖生命共同体。打造全国脱贫攻坚样板区、红色文化传承创新区、红色旅游目的地和红色教育基地。

（2）赣东北开放合作发展区。充分发挥赣东北紧邻长三角、靠近东南沿海地区的区位优势，打造对接长三角开放前沿和对接东南沿海的开放先行区。依托上饶丰富的自然资源本底，加强上饶十字高铁枢纽的辐射能力，把上饶建设成区域中心城市。加快景德镇陶瓷文化传承创新试验区和"航空小镇"，把景德镇建设成国际瓷都和中部重要的文化旅游城市。抓住"智能＋"时代的机遇，加大智能硬件平台在鹰潭的建设和应用，把鹰潭打造成"智能＋"应用之城。

（3）赣西转型升级示范区。加快萍乡、新余两地新旧动能转换，重点推动钢铁、煤炭等资源型产业的更新和传统产业升级。推动新余、萍乡、宜春相向发展，打造新能源、新材料、节能环保、大健康等绿色产业集聚发展的示范区域。增强宜春作为区域中心城市的辐射能力，加快新宜吉六县跨行政区转型合作试验区建设，打造全省转型升级的样板区和绿色发展示范区。

二、优化"两项融合、三产提升"的产业格局

以"产业结构更高级、产业形态更优化和产业体系更完整"为产业高质量发展的目标,调优产业发展方向,有重点、有方向地推进不同产业发展。着力促进农业融合化、规模化发展,引导工业迈向创新引领、高端集聚的更高层次,服务业达到高质高效、群众满意的供给水平。

(一)实现农村一、二、三产业融合、制造业与服务业融合协同推进的产业升级态势

(1)推动农村一二三产业融合。以"延伸产业链、打造供应链、提升价值链、共享利益链"为目标,推动永修县、南丰县、乐平市、德兴市、上饶市广丰区、萍乡市湘东区刘哥村一、二、三产业融合发展先导区建设,优化农业产业体系、生产体系、经营体系。以标准化生产、精细化加工、集群化发展为方向,加快农村一、二、三产融合进程。推动农村大力发展旅游、教育、文化、科普、健康养老等产业,完善农村电子商务服务体系,加快建设多种形式的农产品电子商务平台和乡村电商服务站点,推动江西优质产品与电商平台对接合作。引导农业产业向现代农业示范(产业)园集聚,推进农业产业型中心镇建设,在有条件的乡村建设集创意农业、循环农业、农事体验于一体的田园综合体。

(2)推动制造业与服务业融合。以培养高端产业和处于产业链顶端的企业为最终目标,解决产业内融合配套不足、产业间关联程度不够的问题。从信息化与工业化融合切入,推进传统产业改造提升和新兴产业培育。以服务"江西制造"为宗旨,在保证制造业发展质量的同时,

推进制造业服务化进程，有序推动制造业与服务业融合发展。坚持立足制造，融入服务，在南昌、九江等制造业集聚地区开展制造业主辅分离试点，推动服务部门从制造业剥离，为单独实体提供社会化服务，引导制造业发展服务外包，促进第三方生产性服务市场发展。发展总集成总承包、网络化协同制造和个性化专业定制，优先在省内各国家级高新区、现代服务业集聚区谋划一批示范项目、示范企业和示范基地。

（二）打造"农业规模化、制造业高端化、服务业品牌化"的产业发展形态

（1）农业规模化。提高农业规模收益，推动农业集约化、集聚化、集群化、集团化发展。摒弃高投入、低收益的生产模式，在农业生产中执行精细化管理，实现低投入高产出。在完成农村产权制度改革的基础上，使土地承包经营权向"大户"集中，推动农业从"小生产"转向"大生产"。推动全省现代农业示范（产业）园提质升级，形成若干大型农业综合体。适度发展设施农业，在全省普及工厂化农业生产思维。在培育壮大以正邦集团、双胞胎集团为代表的大型农业集团的基础上，加大农业产业化龙头企业的引进力度，提高农业集群集聚发展的项目支撑。

（2）制造业高端化。聚焦新兴产业倍增、传统产业升级和新经济新动能培育。新兴产业方面，打通重大创新成果产业化的障碍环节，让半导体照明、智能终端及关键部件、数字视听、集成电路、电子材料、虚拟现实等7大领域13个方向不断涌现出新转化成果。传统产业方面，有色产业加快向高端、绿色、集聚、国际方向发展，石化产业推动炼化一体化，钢铁产业继续去产能，深化技术改造，建材产业推进技改升级，食品产业加大智能化、信息化应用，家居产业向中高端定制延伸，实现传统产业高端化发展。新经济新动能培育方面，推进网络强省、物联江西、"互联网＋先进制造业"等建设，互联网、大数据、人工智能等新动能蓬勃发展，服务实体经济。

（3）服务业品牌化。围绕规模扩大、结构优化、质量提升三大目标，推动生产性服务业与制造业协同升级，有效供给不断扩大，服务质量明显提高，重点领域消费者满意度达到较高水平，产业融合持续深化，服务业集聚度和国际化水平显著提升，打造出一批具有较强区域影响力和市场竞争力的"江西服务"品牌。依托南昌、赣州两个"一带一路"重要节点城市和九江长江流域区域性航运中心，把江西建设成"一带一路"和长江经济带重要区域型物流中心、中西部地区重要的现代商贸服务中心。以赣江新区为支点，丰富绿色金融产品，提升金融产业竞争力，加快建设全国金融改革创新样板区。做优做强做大文化旅游和健康养老产业，建设全国幸福产业发展示范区。

三、形成"通江达海、内外联动"的开放格局

全面扩大对内对外开放，深度融入"一带一路"建设、长江经济带发展，突出招大引强、培优育强，坚持引资引智并举，坚持"引进来"和"走出去"并重，推动开放型经济升级发展，构建"通江达海、内外联动"开放格局。

（一）通江达海

依托南昌、九江、赣州等城市的重要内河港口，以长江、赣江、信江、抚河等重要水系资源为基础，统筹利用水陆两种资源，实现水陆资源要素联动利用。发挥江西水路直通长江、公路铁路直通长三角、珠三角的开放优势，不断加大向沿海地区和长江上游内陆腹地的开放力度，发展临港产业、航运物流产业和涉港金融服务产业，整合航运港口资源，在南昌、九江两地建设航运综合服务中心，集航运金融、口岸通关、代理结算等功能于一体的航运服务体系，提升内陆出海能力。推动江西境内沿江地区在水陆交通、港口建设、物流园区等

流通领域的规划、项目加强对接，从更高层次统筹规划的编制和实施，降低资源浪费，提升流通效率。深入对接九江港、南昌港与武汉长江航运中心，进一步提升九江、南昌通江达海的核心功能。放大沿江港口、一类口岸等优势，通过加快完善立体交通网、与招商局集团等大企业合作、推进港区建设、发展现代航运物流等方式，把南昌港和九江港建设成"江海直达、服务全省、辐射周边"的区域航运中心。

（二）内外联动

充分发挥江西毗邻长三角、珠三角、海西经济区的区位优势，打造内外联动的新高地。主动深度参与"一带一路"和长江经济带建设等国家战略，以创新和改革双轮驱动，充分利用国际国内两个市场、两个资源，在空间上面向沿海与面向沿边同步开放，在形式上"引进来"和"走出去"有机互动，在内涵上对内开放和对外开放协调推进，推动产业双向转移，投资双向流动，贸易双向发力，体制双向改革。构建"引进来"和"走出去"并重战略布局，在区域上对接港澳台，形成对外开放新格局，围绕优势产业面向全球引进一批带动能力强、经济效益好的重特大项目，在制造业、服务业等产业领域实施外贸优进优出行动计划，发展以中医药、创意陶瓷、动漫旅游出版为重点的服务贸易。在美国、东南亚、欧洲等重要地区设立一批海外经济联络和招商中心、境外投资贸易合作平台。主动对接自由贸易协定高标准高规则，适应经济全球一体化新变化，全面复制推广自贸区改革试点经验，在外商投资服务贸易、商事管理方面推行负面清单等模式，推进投资便利化和贸易便利化。推进赣江新区先行先试，打造江西全面开放的新样板，在南昌开放型经济新体制综合实验区积极探索开放型经济的新模式、新体制。

四、修复"天蓝水清、山绿地净"的生态格局

积极构建绿色产业体系，加快把资源优势变成经济优势，让绿水青山变为金山银山。健全完善自然资源管理、生态监管、生态补偿等制度体系，迈出美丽中国"江西样板"建设新步伐，修复"天蓝水清、山绿地净"的生态格局。

（一）打造天蓝水清的生活空间

打好蓝天保卫战，加强对生活空间的环境治理。强化燃煤污染治理，调整能源结构，加大天然气等清洁能源的适用范围，对城区燃煤锅炉定期进行集中治理。全面推进工业污染大气治理，加强对工业企业的污染排查治理，关注火电、钢铁、露台采矿等行业的污染情况，及时予以整治。加强对城市大气污染治理，完善施工工地、渣土车辆、餐饮油烟、烟花爆竹的管理制度。强化农业大气污染治理，严格禁止农业生产中的露天焚烧行为。强化交通大气污染治理，加快新能源汽车普及，调整交通运输结构。打好碧水保卫战，严格落实河长制湖长制，制定"一河一策"。保护水源地，特别是饮用水源地周边生态环境，提升水质。全面消灭 V 类及劣 V 类水，净化自然水体。严格落实"长江大保护"和鄱阳湖等重点湖泊的保护政策。

（二）修复山绿地净的自然生态

加强土壤污染管控和修复，定期开展土壤环境质量调查，完成重点行业企业用地土壤污染状况调查，加强用地保护及管控，防控土壤环境污染。有序推进土壤污染治理与修复，完成国家下达的污染耕地治理与修复指标。强化固体废物污染防治和监管，在城市工业园区合理布局区

域性危险废物处置中心，深度参与长江经济带固体废物大排查活动。加快生态环境保护与修复，完成生态保护红线勘界定标、设立统一规范的标识牌，严格执行生态保护红线管控要求。实施山水林田湖草生态修复、造林绿化与退耕还林、森林质量提升、低质低效林改造、湿地保护与修复、生物多样性保护等重大生态系统保护和修复工程，构建"一湖五河三屏"生态安全格局。建立以国家公园为主体的自然保护地体系，健全监管体制机制，保障生态系统完整性。

第八章
实现江西经济高质量发展的基本路径

一、构筑现代产业高地，实现经济发展高质量

（一）坚持实施创新驱动战略

党的十九大报告提出，创新是引领发展的第一动力，是建设现代化经济体系的战略支撑。江西坚持实施创新驱动战略，必须从提升科技创新平台发展水平、构建众创生态圈这两个方面出发。一方面，要加快建设中科院江西产业技术创新与育成中心、鄱阳湖国家自主创新示范区、中国（南昌）中医药科创城，充分发挥科创大平台对质量提升的引领推动作用。巩固现有国家级科技创新平台，培养一批国家级平台"后备队"，探索完善国家级科技创新平台管理体制机制，简化科研仪器设备采购管理流程。同时，加大优化省级科技创新平台布局力度，择优部署新建一批高水平省级科技创新平台，加强与省外国外优势科技资源合作，积极引进国内外著名高校、研发机构来赣与省内相关研究机构共建分支机构或新型研发机构。加大财政资金支持创新平台建设力度，统筹

安排科技创新平台资金，持续稳定支持国家级和省级科技创新平台组建、验收与运行评估成绩优异者。建立以企业主体和科技创新平台为主的共建共享体制，不断加大协作力度，加快促进科技供给端与需求端对接，提升成果转化水平，推进科技创新、实体经济发展、质量提升深度融合。另一方面，众创生态圈是坚持实施创新驱动战略的重要引领，江西必须重点推进"赣江新区"国家双创示范基地建设，形成可复制可推广的经验和模式。必须要支持省内各高新技术产业开发区、经济技术开发区等产业园区，大力发展科技企业孵化器等创新创业服务平台，推广创客空间等新型孵化模式，围绕产业发展需求，高效整合各类创新创业要素，逐步建立线上与线下相结合、孵化与投资相结合、大企业带动创业企业的科技创新创业服务体系。支持大学科技园建设，鼓励在赣高校和科研院所充分利用自身资源自建或联合共建科技创业孵化器，为科技创业、技术转移、成果转化和创新创业人才培养提供实体空间和服务平台，推动南昌大学、南昌航空大学、华东交通大学等高校和科研院所建设创新创业平台，形成环高校众创圈。支持社会力量建设众创空间等新型创业服务平台，鼓励行业领军企业、创业投资机构、社会组织等社会力量和民营资本积极参与或自主建设创新创业服务平台，发展一批适应大众创新创业需求和特点，低成本、便利化、全要素、开放式的众创空间等新型创业服务平台，形成大中小企业融通发展的格局。另外，还要积极推动成片旧工业区改造升级为孵化器和创业苗圃等，为重大平台建设、重大产业成型和重大项目落地腾出了土地发展空间。

（二）加快农业产业深度融合

江西要提升现代农业产业化发展水平，必须依托三产融合加快推动江西农业供给侧改革，以"做优一产、做强二产、做大三产"为途径，调整优化产业结构，延伸产业链、打造供应链、形成全产业链，促进一、二、三产融合互动，做大农业产业规模，增强产业集聚效应。以"延伸产业链，打造供应链、提升价值链，共享利益链"为重点，以标准化生产、精细化加工、集群化发展为方向，做大做强农产品加工业。

依托全国唯一的绿色有机农产品示范基地试点省，构建现代化绿色有机农业产业体系。运用新技术、新工艺、新设备，发展高效设施农业，实施标准化生产，推进园艺作物标准园、畜禽标准化规模养殖场和水产健康养殖场建设，促进草地畜牧业、特色果业、特色水产、设施蔬菜、茶叶等特色产业向优势产区集中，打造一批具有江西特色的专业化、规模化、标准化绿色有机农产品生产基地，从源头上保证农产品加工原料供给和质量安全。加快建设绿色有机农产品加工基地，大力开展产业关联企业招商，引导农产品加工业向主产区、优势产区、特色产区、重点销区及关键物流节点梯度转移，推动农产品产地初加工和精深加工发展。培养一批在全国同行业有竞争力的农产品加工龙头企业、在全国有影响的知名品牌、销售收入过 50 亿元的农产品加工园区，做强一批带动农民致富的农业产业集群，形成加工引导生产、加工促进消费的格局。

此外，还要大力发展都市现代农业、休闲观光农业，充分挖掘农业生态、社会、文化功能，扶持建设一批具有历史文化、地域、民族特点的特色景观旅游乡镇，打造形式多样、特色鲜明的乡村旅游休闲产品，不断提高农业整体效益。同时，要不断加快完善江西农村电子商务服务体系，建设多种形式的乡村电商服务站点和农产品电子商务平台，推动江西优质产品与电商平台对接合作，培育一批江西线上知名品牌和商家群体。大力发展农业生产性服务业，引导各类投资者为农业产前、产中、产后提供专业化服务。探索农村产业融合新模式新载体，推进农业产业向现代农业示范（产业）园集聚，大力推进农业产业型中心镇建设，支持有条件的乡村建设集创意农业、循环农业、农事体验于一体的田园综合体。

（三）推进制造业转型升级

随着经济全球化的快速发展，我国制造业的转型升级成为必然。江西要抓住新的历史机遇，积极对接《中国制造 2025》，深入实施新兴产业倍增工程和传统产业优化升级工程，重塑"江西制造"辉煌。在培育壮大新兴产业上，做强做优航空、新型电子、中医药、新能源汽车、智能装备等产业，实现江西新兴产业总量规模、龙头企业倍增。航空制造方面，抓住军民融合深度发展机遇，进一步提升军民各类整机、大飞机机身及关键零部件的研制能力和水平，争取大飞机试飞基地落户江西，积极创建国家通航产业示范省，推进南昌、景德镇通航产业发展，打造千亿级航空产业。新型电子产业方面，加快推进硅衬底 LED 技术产业化，支持南昌打造世界 VR/AR 产业中心，建设高端触摸屏、高清摄像头、移动智能终端等若干在全国具有较强竞争力的新型电子产业基地，提升南昌、吉安、赣州等地产业集聚水平，打造京九高铁电子信息与新型光电产业带。中医药方面，积极支持中成药大品种剂型现代化改造和二次开发，加快国家中医药综合改革试验区、樟树"中国药都"振兴、"建昌帮"中药重振等工程建设，打造中医药强省。新能源汽车方面，主攻高比能量动力电池、高效驱动电机、先进整车控制系统等关键技术，加快推动纯电动汽车及新一代锂离子动力电池等产业化，积极培育智能网联汽车。智能装备方面，深入开展智能制造"万千百十"工程，实施企业制造装备升级、互联网提升、"两化融合"登高等计划，着力发展和推广应用工业机器人、人机智能交互、智能仪表及控制系统等新型成套智能装备，建设一批"机器换人"示范企业、示范基地。实施传统产业优化升级，加强数字经济推广应用，延伸产业链，提升价值链，淘汰落后产能，推动传统产业高端化。全面完成重点行业化解过剩产能任务，实施传统产业优化升级"1＋8"行动计划，加大高强高导铜合金、钨和稀土新材料，精细石油化工、高端装备用钢、新型绿色建材等研发生产力度，加快推动纺织、食品、陶瓷、家具等产业适应消费升级、扩大有效供给。

（四）推动服务业提质增效

随着服务业在经济社会发展中所扮演的角色越来越重要，提高服务业尤其是现代服务业发展质量和水平，是建设现代化经济体系的重要支撑，是江西推动经济高质量、跨越式发展的重要任务之一。因此，必须推动江西生活性服务业向精细化和高品质转变、生产性服务业向高端化和专业化延伸。围绕工业设计、现代金融、现代物流、全域旅游、文化创意等产业，抓龙头、铸链条、建集群，不断提升发展层次和竞争力。工业设计方面，鼓励重点行业龙头企业发展专业化设计，支持江铃汽车工业设计中心等国家级工业设计中心做大做强，培育第三方设计企业和社会创客，支持发展众包设计、云设计、协同设计、集成设计等业态，创建一批国家级、省级工业设计中心和示范基地。现代企融方面，大力引进各类金融机构来赣设立分支机构，加快江西首家民营银行裕民银行以及保险机构等地方性金融机构的组建，探索商业保理等新型金融业态发展模式，加快打造全牌照"金融赣军"，加快推进赣江新区绿色金融改革创新和绿色保险创新试验区建设。现代物流方面，以南昌、赣州建设"一带一路"重要节点城市和九江建设长江流域区域性航运中心为重点，促进交通干线与物流通道、交通枢纽与物流节点、多式联运与供应链物流一体化发展，形成辐射国内国际的现代物流服务网络，构建全省物流大数据中心和国家智慧物流骨干网，推进建设省级交通运输物流公共信息平台，打造智慧物流服务平台。旅游方面，大力发展生态旅游，扎实推进全域旅游，着力培育差异化、品质化旅游线路和旅游景区，促进旅游产品向休闲度假与健康养生并重转变，积极发展红色游、乡村游、生态游，打造一批体现江西特色、在全国具有较强竞争力的旅游路线，打造全国人民旅游休闲和健康养生的"大花园"。文化创意产业方面，加快建设南昌海昏侯国家文化生态保护试验区，积极创建景德镇国家陶瓷文化传承创新试验区，加快江西省文创产品开发中心建设，着力建设一批文化创意产业示范园区。同时，推动健康、养老、体育、教育、家政等幸福产业提质扩容。

（五）培育壮大新业态新模式

目前，"互联网+""数字+""智能+"等新业态新模式繁荣发展，已逐渐成为科技创新的主力军。坚持"数字+"理念，促进实体经济与大数据、人工智能、区块链等新一代信息技术深度融合，深入实施一批数字经济专项行动计划，加快制定下一代互联网、工业互联网、移动物联网发展等实施意见，推动江西"数字＋""互联网＋"应用全面升级。加强发展大数据云计算，支持引进培育大数据骨干企业和创新型中小微企业，培育大数据应用和服务产业，重点建设上饶高铁经济试验区省级大数据产业基地、宜春锂电新能源省级大数据中心，推动赣州、鹰潭启动建设稀土、钨业、铜产业等区域性行业性大数据中心，推进抚州等大数据、云计算产业基地建设。坚持"立足南昌、面向江西、辐射中国、国际领先"的定位，加快打造虚拟现实（含增强现实和混合现实）产业集群和创新高地，形成软件研发、内容制作、终端平台、产品制造等产业生态链，推动虚拟现实技术产品在教育、医疗、文化、旅游、工业、交通等领域广泛应用。加快建设物联江西，推进物联网技术研发、产业发展和应用推广，建设以位置感知、移动通信和位置计算为核心的移动物联网基础设施；大力推进 5G 商用试点，支持移动物联网技术攻关，深化窄带物联网技术在各领域的应用，加快建设全国领先的物联网应用示范区和产业集聚区，推进工业物联网、智慧城市、智慧能源、智慧农业等应用，打造一批应用标杆。坚持"共享＋"理念，推进生产能力共享，实施标准厂房、关键设备、制造产能、信息基础设施、现代能源等共享工程，搭建覆盖江西主要产业集群的产能分享平台；引导科研仪器、紧缺人才、知识产权等创新资源分享，加快构建跨部门、跨领域、跨区域的创新资源共享网络服务体系；推动知识技能、闲置空间、健康医疗、教育文化、交通出行等领域生活服务共享工程，开发一批家政服务、休闲度假、远程治疗等领域公共服务平台。坚持"生态＋"理念，发挥江西生态优势，积极培育中医药养生保健、温泉理疗、竹林疗养、森林体验、候鸟观赏等新业态，推进建设生态平糖谷、道教养生园等中医药健康旅游示范基地，探索户外健身运动、特色健康管理、农家型养老等新模式，发展健康养老与医疗、体育、教育、旅游、休闲等相互融合的养老养生新业态，努力打造大健康产业发展示范区。

二、激发市场主体活力，实现改革开放高质量

（一）进一步深化供给侧结构性改革

2018 年 12 月的中央经济工作会议提出，我国经济运行主要矛盾仍然是供给侧结构性的，必须坚持以供给侧结构性改革为主线不动摇，更多采取改革的办法，更多运用市场化、法治化手段，在"巩固、增强、提升、畅通"八个字上下功夫。这为江西当前和今后一个时期深化供给侧结构性改革、推动经济高质量发展指明了明确的方向，具体来说就是要做好以下几个方面的工作：巩固，就是要进一步深化江西"三去一降一补"力度，巩固相关工作成果，更多运用市场化、法治化手段深化供给侧结构性改革，推动更多江西钢铁、水泥等产能过剩的行业加快出清，降低全社会各类营商成本，加大基础设施等领域补"短板"力度等。增强，就是要增强微观主体活力，发挥省内企业和企业家主观能动性，破除劳动力、资本等各类要素在各市区之间的流动壁垒，在外部环境复杂严峻、经济面临下行压力的背景下，按照中央经济工作会议的部署，深化四梁八柱性质的改革，切实转变江西政府职能，建立公平、开放、透明的市场规则和法治化营商环境。提升，就是要不断提升江西产业链水平，提高省内优势产业的竞争力，注重利用技术创新和规模效应形成新的竞争优势，推动省内制造业产业模式和企业形态根本性转变，力争再创江西制造辉煌；同时，促进省内高新技术产业化，推动大数据等新一代信息技术与省内各类产业融合发展，以数字化、网络化、智能化带动传统产业转型升级，推动战略性新兴产业集群式发展。畅通，就是要畅通省内经济发展，加快建设统一开放、竞争有序的现代

市场体系，提高江西地方性金融体系服务省内实体经济的能力，形成省内市场和生产主体、经济增长和就业扩大、金融和实体经济良性循环。

（二）推动国有资本做强做优做大

党的十八大以来，国家和江西省相继出台了一系列深化国企改革的政策措施。江西要进一步通过国有经济布局优化、结构调整等一系列改革，促进国有资产保值增值，推动国有资本做强做优做大。要以国有资本投资、运营公司为平台，推动国有资本更多投向江西战略性新兴产业等重点领域。积极推进集团层面股权多元化、分层分类混合所有制改革，放大国有资本功能。坚持因地制宜、因企施策、分层分类的原则，规范有序、积极稳妥地推进混合所有制改革，优化企业产权结构，有效激发各类所有制资本的活力。加快推进江西国有企业股改上市，加大协调指导力度，帮助江西国企解决遇到的各类困难和问题，使上市公司成为省属国有企业的重要组织形态。聚焦主业，因地制宜、因业制宜、因企制宜开展市场化战略重组，坚持市场在资源配置中起决定性作用、更好发挥政府作用的原则，推动企业产业结构更趋合理，战略定位更加准确，市场核心竞争力不断增强。规范建设现代国有企业制度，完善法人治理结构、优化决策机制、深化内部三项制度改革，坚持严考核、强激励、硬约束多措并举，建立灵活高效的市场化经营机制，激发企业员工干事创业的活力。完善以管资本为主加强国资监管的制度体系，调整、精简、优化监管职能，加快实现监管方式、重点和路径从管企业为主转为管资本为主，从事前、事中、事后管理转为事后管理为主，从直接管理为主转为间接投权管理为主，实现集中统一监管、授权监管、依法监管，强化国有企业市场化主体地位，充分激发企业主体活力。

（三）支持民营企业发展

作为江西经济发展的重要支柱，民营经济已经成为推动江西发展不可或缺的力量，成为创业就业的主要领域、技术创新的重要主体、税收的重要来源，为江西的经济社会发挥了重要作用。在新的历史条件下，必须以务实举措大力支持民营企业发展，保障民营企业平等地位，严格落实国家公平竞争审查制度，禁止在工程政府采购、国有产权交易、国有土地和矿业权出让、建设项目招投标等过程中设置限制或者排斥民营企业等不合理条件。大力推动国有企业和民营资本深度融合，鼓励国有产业基金、投资基金等投资参股民营企业，竞争性领域的国有优质企业、资产和资源，对民营资本不设准入门槛、不限持股比例、不限合作领域。破除行政垄断，及时清理违反公平、开放、透明市场规则和违反平等产权保护的规章和规范性文件；打破市场垄断，推进反垄断、反不正当竞争执法，为民营经济发展营造良好法治环境。提升金融机构服务民营企业水平，加快推进优化小微客户融资服务长效机制建设，提升小微客户贷款便利度、覆盖面和满足率。引导供应链核心企业、商业银行与相关金融服务平台进行对接，提供具体需求，更好地为小微企业服务，方便其提供相应供给。搭建江西全省统一的企业融资综合服务平台，整合各类企业的融资需求、金融机构的资本供给、各类企业进出口、税收和社保等相关信息，鼓励发展市场化的征信服务机构，为民营企业信用融资提供支持。建立健全政府性融资担保机构注册资本金持续补充和代偿风险补偿机制，对支持小微企业融资担保成效明显的政府性融资担保机构给予奖励。进一步降低民营企业经营成本，持续精准深入开展降成本优环境专项行动，全面落实国家实施更大规模减税降费等政策措施，推动政策红利尽快转化为企业红利，降低各类营商成本。税费方面，大幅减少政府定价管理的涉企经营服务性收费，深入清理金融、物流、进出口、检验检疫检测、人才流动等重点领域和关键环节的涉企经营服务性收费。制度性交易成本方面，进一步清理、精减涉企行政审批等事项，深化政务服务"一网一门一次"改革，加大政务信息资源整合共享。物流成本方面，支持民营企业打造一批现代化物流基地，建设一批跨地区、跨行业、跨模式的物流信息共享平台。

（四）坚持"引进来"与"走出去"并举

一是坚持高水平"引进来"。全面落实国家扩大开放的重大举措，放宽汽车等制造业外资股比限制，拓展金融、教育、医疗、电信等服务业合作领域，落实外资准入前国民待遇加负面清单管理制度，全面复制推广自贸区改革试点和南昌构建开放型经济新体制试点经验，营造法治化、国际化、便利化营商环境。瞄准世界产业发展高地和技术创新高地，实施多元化招商引资战略，主攻美欧日，拓展以色列、韩国、新加坡等新兴发达国家，全面加强与俄罗斯、东盟、中东欧等"一带一路"沿线国家和地区的合作，力争在航空、高端装备、人工智能、集成电路、电子信息、精准医疗、时尚消费品等领域，引智引技取得新突破；实施招大引强行动计划，着力引进一批国内外实力突出的"旗舰型"企业、细分领域"隐形冠军"、高科技和新业态"独角兽"企业。强化招商引资举措，积极推广中介招商、平台招商、以商招商、大数据招商，对重大招商项目实行"一企一策""一项目一议"，研究设立引进外资专项激励奖补资金，鼓励各地推广股权等招商引资方式，积极对接长江经济带、京津冀协同发展和粤港澳大湾区等国家战略，深化赣京合作，创新赣浙、赣粤、赣闽、赣湘边际合作模式，推动组团式、链条式集群式承接产业转移，打造省际合作"升级版"。加强与中国贸促会、中国对外友协和国际国内商协会组织合作，利用会员资源促进与江西项目合作。充分发挥省工商联、赣商联合总会的桥梁纽带作用，支持在外赣商返乡创业。以委托招商的方式，在欧美日韩和上海、北京、深圳等地分别设立经济联络和招商中心。积极推进大数据招商，开发建立招商引资企业库、项目库、机构库、载体库和全球招商地图"四库一图"，优化全省招商项目管理机制，务实信息化招商工作基础。

二是鼓励高质量"走出去"。深入实施"一带一路"布局行动计划，积极参与"一带一路"六大经济走廊建设，加快构建南昌、赣州"一带一路"重要节点城市。构建对外开放大通道，加强和上海、厦门、深圳等沿海港口城市的合作交流，稳定开行铁海联运集装箱快速班列，推动赣欧（亚）国际铁路货运班列常态化运行，加快形成连接"一带一路"重点城市的高效便捷航空运输网络。深入推进国际产能合作，鼓励江西企业在条件成熟的国家建设农业产业、加工制造、资源利用和商贸物流等多行类型的境分经贸合作区，支持优势产业和富余产能集群式、链条式"走出去"。深化与"一带一路"沿线创新型国家和地区的产业研发合作，加快构建面向全球的产业创新合作伙伴关系网络。支持江西有实力的制造业企业开展跨国并购，加快实现研发设计、加工制造、品牌营销在全球的整合。推动对外承包工程高质量发展，提升对外投资服务实体经济能力。鼓励企业在"一带一路"沿线国家（地区）重点开发一批电力、新能源、石化等重大装备成套项目，进一步拓展国别市场，逐步提高"融资＋总承包""投资＋总承包""建营一体化"等业务模式占比。支持江铜集团建设世界一流企业，引导全省资源型企业加快实施境外资源项目，优化资源供应结构。建设好江西"走出去"企业战略合作联盟，引导企业与央企、知名跨国公司、港澳地区企业及其他省内外企业合作开拓国际市场。加强人文交流，实施好"一带一路"沿线国家江西教育海外展、中俄青少年国际文化节等活动，加快推进葡萄牙里斯本中国文化中心建设。开展好"江西文化年"、江西文化遗产国际巡展等活动，持续推动江西傩舞傩戏、瓷器瓷乐、油画、杂技等文化产品"走出去"。

（五）构建高水平双向开放平台

积极推动江西形成高水平开放新格局，必须以高水平双向开放平台为依托。主要是要大力发展内陆港，推进各类空港、海港、陆港、信息港建设，做强南昌航空口岸、九江水运口岸、赣州港等国家级开放口岸，争取国家第五航权开放试点落地江西，积极培育枢纽经济，建设若干高质量外资集聚先行区。提升发展各类经贸平台，做大做强世界绿色发展投资贸易博览会、世界赣商大会、景德镇国际陶瓷博览会、赣港（深）、赣台等综合性经贸活动平台，设立一批省级驻外经贸代表处、境外示范商会和国际友城合作平台。依托赣江新区打造开放新高地，不断完善赣江新区基础设施，扩大服务贸易规模，加快发展货物配送、跨境电子商务等新兴临空产业和加工贸易产业，创建跨境电商综合试验区，努力建成全国通关效率最高的航空口岸。大力推进开发区改革和创新发展，高标准编制全省开发区发展规划体系，优化开发区产业布局。创新开发区体制机制，鼓励探索公司制管理模式，走企业化市场化招商路子。完善开发区基础设施、公共服务及产业链条等配套。开展开发区整合优化试点，探索"一区多园""飞地经济"等模式，打造承接产业转移的"桥头堡"。支持赣江新区等省内国家级开发区借鉴上海市浦东新区"证照分离"改革经验，建立完善省内事中事后监管机制。对于省内发展较好开发区的招商引资团队，探索实行更加灵活的人事制度和薪酬制度，提高招商引资部门的专业性、市场化服务能力。制定出台政策支持部分发展落后的开发区城市更新、工业区改造，优化土地存量供给，对引进高技术、高附加值投资企业和项目，用地指标予以优先保障。

三、完善城乡协调体系，实现城乡融合高质量

（一）推动省内区域板块协调发展

为下好江西全省发展"一盘棋"，必须积极巩固多极支撑格局，又好又快地推动区域协调发展，重点完善提升全省区域发展战略格局，着力打造"一圈、两带、三板块"。"一圈"，即以南昌为核心，以赣江新区为引擎，以九江、抚州为支撑，以高速1小时为交通半径，深度融合高安、丰城、樟树、奉新、靖安、余干、永修、临川、东乡等周边县（市区）发展，构建大南昌都市圈。以融合协作、创新驱动为主线，依托交通优势，强化要素资源聚合、产业集群发展、城市互动合作，建设创新型、开放型、多功能、强辐射的核心增长极，全面提升和增强大南昌都市圈对全省经济的辐射带动力。"两带"，即沪昆、京九高铁经济

带。抓住高铁时代机遇，加快建设沪昆高铁经济带，提前布局推进京九高铁经济带建设，构建承东启西、沟通南北、对接"一带一路"、长江经济带和粤港澳大湾区的大通道，打造全省产业、城镇布局的"十字形"经济主骨架。"三板块"，即赣南等原中央苏区全面振兴板块，重点支持赣吉抚对接粤港澳大湾区和海西经济区，大力培育新型电子、钨和稀土新材料、生物医药、现代家具、特色农业等一批千亿产业，加快苏区振兴发展步伐，促进赣州建设赣闽粤湘四省边际中心城市和省域副中心城市，提升原中央苏区自我"造血"能力，打造江西南部重要增长板块；赣东北开放合作板块，重点支持饶景鹰向东开放、承接长三角产业转移，积极发展航空、数字产业、新能源汽车等新兴产业，促进上饶打造赣闽浙皖四省边际中心城市；赣西转型升级板块，重点支持新宜萍一体化发展，向西对接"长株潭"、向东对接大南昌都市圈，改造提升钢铁、煤炭等传统产业，大力发展新能源、节能环保、大健康等绿色产业，促进宜春打造赣西区域性中心城市。完善区域协调发展机制，强化区域间规划编制、产业布局、基础设施、公共服务、生态环保等重点领域的合作对接。

（二）盘活城乡融合发展要素

城乡要素的自由流动是城乡融合发展的核心内容和主要表现形式，从当前的基本发展形势来看，最重要的是要完善要素从城市流向农村的体制机制，打破体制上的障碍。长期以来，受传统二元体制的束缚，我国城乡要素流动是单向的，即农村人口、资金和人才等要素不断向城市集聚，而城市人口被禁止向农村迁移，城市公共资源向农村延伸、城市人才和资本向农村流动也处于较低水平。近年来，随着各地统筹城乡发展力度的加大，城市公共资源和公共服务向农村延伸的步伐明显加快，城市人才、资本和技术下乡也取得了较大进展，城乡要素正从单向流动转向双向互动。在新形势下，必须按照平等、开放、融合、共享的原则，积极引导人口、资本、技术等生产要素在城乡之间合理流动，促进城市公共资源和公共服务向农村延伸，加快城市资本、劳动力、技术等生产要素向农村流动，不断促进城乡资源要素融合互动、不断优化。

一方面，要在稳定土地家庭联产承包经营权的基础上，深化落实土地"三权分置"改革和农村集体产权制度改革，为省内城市的资本、人才和技术等生产要素进入农村提供路径。同时，要积极创新农业农村金融产品及服务，不断完善农业农村金融体系，拓宽融资渠道为农业农村提供金融支持。加大省内地方农村金融服务机构对赣籍农民工返乡创业的信贷支持力度，明确江西省内"用之于农"占"取之于农"的存款比例。升级改造乡镇金融机构的营业网点，加大金融机构乡镇及以下网点的覆盖面。充分应用互联网金融，将其合理合规引入农业农村，助推江西乡村振兴。不断完善省内农民信用体系，将农民就业生活的微观行为转化成可计量的信用程度，拓展农民可抵押物品种类，为农民贷款申请和发放提供可靠的依据，进而降低农民贷款门槛并提高授信额度。另一方面，产权制度改革与要素市场化配置是实现城乡融合高质量发展的两个"棋眼"。乡村改革的基础是农民土地资产确权、集体资产清产核资及集体成员身份确认。要进一步盘活农民闲置宅基地和闲置农房，深化农村承包土地经营权，让沉睡的土地焕发活力。加大政策配套，促进城市投资者、消费者下乡，推动一、二、三产业融合发展。凡是人员、土地、资金、科技等各类要素流动遇到障碍的地方，就是改革重点所在、难点之在。要抓住信息化对于城镇化、乡村振兴的催化、融合作用，以信息技术为支撑，推动城乡市县整合形成数字化管理平台，提高城乡治理的智慧化水平。

（三）全面增强农村发展活力

伴随工业化、城镇化深入推进，我国农业农村发展正在进入新的阶段，江西要建设现代化农业强省，全面增强农村发展活力，要按照产业兴旺、生态宜居、乡风文明、治理有效、生活富裕的总要求，深入实施江西乡村振兴战略意见和规划，推动资本、技术、人才等各类要素向乡村流动，努力打造中西部乡村振兴示范区。除在发展农业产业方面下大功夫外，还要积极落实第二轮土地承包到期后再延长 30 年政策，总结推广余江宅基地改革经验，推进农村承包地宅基地、集体林地等"三权分置"改革，积极开展农村土地承包权和宅基地有偿退出、土地征收制度等试点，有序推进农村集体经营性资产股份合作制改革，推动资源变资产、资金变股金、农民变股东。通过扩展多种形式且发展适度的农业农村规模经营，加大实施新型农业经营主体质量提升工程力度，打造一批农产品销售公共服务平台，创新农户与龙头企业、农民合作社等的利益联结机制。深入推进新农村建设和农村人居环境整治，加快推动城镇基础设施向农村延伸，着力建设"四好农村路"，大力开展农村"厕所革命"，推动农村基础设施提档升级，大力整治农村乱建房、乱葬坟、乱倒垃圾行为，打造生态宜居的美丽乡村。深入实施教育现代化、全民健康、文化旅游、公共体育、社会服务五大工程，着力提升农村公共服务水平。加强农村精神文明建设，推进农村移风易俗，树立文明乡风。完善自治、法治、德治"三治"相结合的江西乡村治理体系，促进乡村善治。

（四）增强城乡基础设施保障能力

城市、乡村基础设施是推进城乡融合高质量发展的重要组成部分，早日建成布局合理、集约高效、设施完善的基础设施必将为城乡融合高质量发展提供基本保障和有力支撑。要主动加强规划布局和建设推进高铁、航空、公路等重大基础设施，在提升通达程度、提高标准上下功夫，加快构建现代化综合交通运输体系。打通快速铁路通道，以高铁和普通干线铁路建设为重点，尽快实现省内"八开八成"，加快推进昌吉赣客专、赣深客专、安九客专等铁路建设，推动昌景黄铁路、昌九客专开工建设，加快常岳昌、昌福客专、吉抚武温铁路前期工作，高标准建设南昌东站。提升昌北国际机场、赣州黄金机场航空枢纽功能，加密国际国内航班数量，加快打造航空货运中心，支持申报进境特定商品指定口岸。以高等级航道和主要港口建设为重点，加快推进内河航道等级提升和港口集疏运体系完善发展。大力推进九江港通江达海工程建设，促进九江港和南昌港联动发展，加快区域性港口建设。加快建设九江通江达海区域性航运中心，推动南昌港建成亿吨大港，推动赣江、信江和长江"两纵一横"内河高等级航道建设。对普通国省干线公路和农村公路建设，按省补最高标准安排省级建设与养护补助资金。同时，超前谋划、布局新一代信息基础设施，推动建设统一的云计算、大数据和应用管理中心，支持南昌"国家5G规模组网建设及运用示范工程"试点城市建设，推动智慧城市应用试点示范成果共享共用。

四、打造绿色发展样板，实现生态文明高质量

（一）打好污染防治攻坚战

打好污染防治攻坚战就是促进经济高质量发展，污染防治攻坚战是经济高质量发展的重要内容，也是实现经济高质量发展的主要路径；同时，实现经济高质量发展也是解决环境污染问题最根本的方法。江西要找准污染防治和生态文明建设的突破口，坚持全民共治、源头治理，抓住大气、水、土壤等关键环节，坚决打赢蓝天保卫战，深入实施水污染防治行动计划，全面落实土壤防治行动计划，打响一批和群众生产生活息息相关的标志性重大战役。以"控煤、减排、管车、降尘、禁烧、治油烟"为重点，实施新一轮大气污染防治行动计划，推动全省空气质量稳定提升，打赢蓝天保卫战。开展"五河两岸一湖一江"全流域整治，关停整改"散乱污"企业，积极开展饮用水水源保护行动，深入实施农业面源污染、工业污染综合整治行动，加快实现省级以上开发区污水集中处理和重点污染源、排污口在线监控全覆盖，确保基本消灭劣五类水和城市建成区黑臭水体，打赢碧水保卫战。严格执行生态保护区域土地用途管制和产业退出制度，大力推进土壤污染治理与修复、矿

山地质环境综合治理示范工程，全面推进生活垃圾分类与处置，提高城乡垃圾无害化、减量化、资源化、一体化处理水平，打赢净土保卫战。同时，着力在创新环境监管方式上取得新突破。充分运用大数据等技术手段建立全省环境在线监控体系，完善重点污染源自动监控设施建设，实现环境质量、重点污染源、生态状况大数据监测全覆盖，不断提升环境管理的信息化和智能化水平。综合运用行政、市场、法治、科技等多种手段推进环境治理，引导社会资本参与环境保护建设，提高环境风险防范和突发事件应急监测能力。充分发挥环保督察"利剑"作用，加大巡察力度和密度，不定期开展"回头看"，将督察整改与党政领导生态环保目标责任书考核、生态环境损害责任终身追究、自然生态资源资产离任审计等考核机制挂钩，推动"督企"为主向"督政"为主转变。

（二）加强生态修复与建设

开展生态修复与建设是保障并改善江西民生的内在要求，是适应经济发展新常态，积极响应新发展理念，深化供给侧结构性改革的有效方式。牢固树立生命共同体意识坚持保护优先、自然恢复为主大力推进自然生态系统保护与修复，建设山水林田湖草综合治理样板区，打造"中国大花园"。全方位、全地域、全过程开展生态系统的保护修复，扩大环境容量、生态空间，通过划定并严守生态红线、加强生态系统保护与修复、建立健全自然保护地体系等举措，推进山水林田湖生态保护修复全域布局，让自然美景永驻赣鄱大地。深化落实江西主体功能区战略格局和相关空间规划，加快划定并严守生态保护红线、环境质量底线、资源利用上线三条红线。加快制定生态红线管控办法，实现红线管控重要生态空间，确保生态功能不降低、面积不减少、性质不改变，确保生态环境质量只能更好、不能变坏。加强生态系统保护与修复，大力实施森林质量提升、湿地保护修复等生态工程，构建生态廊道和生物多样性保护网络。按照"绿化、美化、彩化、珍贵化"的原则，在重要生态区域推广栽植乡土树种和彩叶珍贵树种，建设彩色森林风景带。要深入开展山水林田湖草生态保护和修复试点，大力推进稀土等废弃矿山的修复，加强水土流失综合防治，着力保护好山脉、山体、森林、水系等生态资源。持续开展监督检查专项行动，严肃查处、坚决整改保护区各类破坏生态环境的违法违规行为。加快建立江西省内自然保护地体系，健全管理制度和监管机制，保障生态系统原真性、完整性。

（三）加快构建绿色产业体系

江西要着力按照产业生态化和生态产业化的思路，大力推进生态和产业的深度融合，突出生态的"含绿量"，按照主体功能区规划，调整不符合生态环境功能定位的产业布局、规模和结构，构建绿色产业链体系，打通绿水青山就是金山银山的转化通道，加快推动转型升级、绿色崛起。一方面，要加快推进产业生态化。按照"绿色低碳循环"发展要求，加快产业结构调整，促进产业绿色化发展。加快培育新动能，大力发展航空、电子信息、新能源汽车、新材料等绿色制造业，大力发展大数据、物联网、电子商务等新兴产业，大力发展现代金融、工业设计、文化创意等现代服务业，促进产业实现高质量发展。加大技术改造力度推动有色、化工、建材等传统产业智能化、绿色化、清洁化改造。坚决淘汰落后产能，为新动能发展腾出资源和环境空间。加快节能环保相关技术装备的研发、推广和产业化，积极发展环保服务业，提升节能环保产业发展水平。另一方面，要加快推进生态产业化。就是按照产业化规律推动生态建设、提供生态产品，推动省内丰富的生态资源向生态优势转变，富足的生态财富向物质财富转变。立足江西农业资源优势，深入开展绿色生态农业十大行动，大力发展林下经济，加快建设现代农业强省。充分挖掘各类旅游资源，推动绿色、古色、红色文化深度融合，提升"江西风景独好"品牌影响力，加快构建全域旅游发展新格局。做大做强中医药产业，培育"棒帮""热敏灸"等中医特色优势品牌，着力打造集养生养老、医疗保健、康体娱乐于一体的健康产业体系。

（四）探索生态价值实现制度

推进生态产品价值实现是一项系统工程，应建立全方位的评估、交易、补偿等机制，促进生态资源变为资产资本，努力探索具有江西特色的生态产品价值实现机制，更好实现"护绿"与"致富"的有机统一。一要建立生态产品价值评估机制。一方面，要探索建立生态系统生产总值（GEP）评估体系。结合自然资源资产负债表登记工作，建议江西试点建立自然资源统计制度，制定数据采集体系，统一数据标准和技术操作规程，对森林、河流、湿地、草原、农田等公共生态产品开展价值评估，打造江西公共生态系统价值体系并向全国复制推广。另一方面，要建立碳汇储备评估机制。成立江西森林碳计量技术开发应用工程研究机构，重点解决森林碳汇形成机制、森林碳计量与经营等理论与技术及相关设备研发问题，开展森林碳汇评估。二要健全生态产品价值交易机制。首先建立健全环境权交易市场。研究制定符合江西的环境权配额管理和分配制度、交易制度、履约制度和清缴制度。在江西试点设立国家环境交易所，建立完善环境、林权交易市场监管体系，促进碳排放权、排污权、用能权等交易市场公正、有效、平稳运行。其次探索建立环境权交易机制。借鉴国际经验，完善"总量控制—交易"模式，科学设置交易总量，合理确定初始分配方案。三要完善生态产品价值补偿机制。一方面，要建立重点生态公益林补偿标准动态调整机制。继续实施国家、省级重点公益林营造、抚育、保护和管理的生态效益补偿，根据生态公益林面积、质量、区位等实施差别化补偿，建议提高质量较好的林地补偿水平。另一方面，继续实施国家湿地生态效益补偿和退耕还湿项目。支持农民专业合作社、家庭农场、专业大户等经营主体投资湿地生态建设项目，明确补偿主体、受益主体、补偿程序、监管措施等。建立生态环境损害评价机制，综合运用财政、税收和法制等手段，对造成破坏的责任人实行更加严格的生态修复要求及相关惩罚措施，形成奖优罚劣的湿地生态效益补偿机制。

五、提高民生保障水平，实现人民生活高质量

（一）全面打赢脱贫攻坚战

脱贫攻坚战事关全面建成小康社会，事关人民福祉。打赢脱贫攻坚战，是促进全体人民共享改革发展成果、实现共同富裕的重大举措。必须始终把打好精准脱贫攻坚战作为重大政治任务、第一民生工程，实施打赢精准脱贫攻坚战三年行动，确保 2020 年前贫困县全部摘帽，现行标准下农村贫困人口实现脱贫，打造全国精准脱贫攻坚的样板。按照精准扶贫、精准脱贫基本方略，严把精准识别核心要义，实现贫困动态管理信息准确、程序合规、资料健全、归档规范，在建档立卡信息共享基础上，加强相关部门信息数据和帮扶政策的对接。强化产业和就业扶贫，大力发展特色优势产业和村级集体经济，建立健全农产品产销对接机制，全方位拓展贫困群众就地就近就业渠道，实现"村有扶贫产业、户有增收门路"，确保长效稳定脱贫。深化保障扶贫，深入实施健康扶贫再提升、教育扶贫再对接、住房安全再落实工程，确保实现"两不愁、三保障"，把提高精准脱贫质量放在首位。聚焦聚力深度贫困地区，结合实施乡村振兴战略，推动新增资金、新增项目、新增举措向深度贫困村倾斜，全面改善生产生活条件。激发贫困人口内生动力，坚持扶贫与扶志、扶勤、扶德相结合，探索建立帮扶政策和贫困群众参与挂钩的办法，通过生产奖补、劳务补助、以工代赈等方式，引导贫困户自主脱贫、勤劳致富，提升脱贫攻坚质量。同时，做好城镇贫困群众脱贫解困工作，强化专项帮扶举措，确保全面小康路上一个都不少。

（二）持续扩大公共服务供给

有效扩大公共服务供给，满足城乡居民不断增长的公共服务需求，对助推江西经济转型升级，高水平建成小康社会有着重要意义。要集中力量做好普惠性、基础性、兜底性民生建设，重点推进教育现代化推进工程、全民健康工程、社会服务兜底工程、公共体育普及工程、文化旅游提升工程建设，织密织牢民生保障网，不断满足人民群众对美好生活的新期待。优先发展教育事业，打好"学前教育重普惠、义务教育促均衡、高中教育抓普及、职业教育优结构、高等教育创一流"五大攻坚战，着力促进城乡义务教育一体化发展，加快有特色高水平大学和一流学科专业建设。加快健康江西建设，健全分级诊疗、现代医院管理等制度，积极培养全科医生、儿科医生，促进新增医疗卫生资源向基层倾斜，大力推行药品分类采购，减少药品采购环节。不断完善覆盖全省城市、乡村的社会保障体系，加快完善城乡居民基本养老保险制度、城乡居民基本医疗保险制度，完善城市、农村相统筹的省内社会救助体系。严格按照国家相关要求，坚持"房子是用来住的，不是用来炒的"的定位，建立健全房地产平稳、健康、可持续的发展机制。同时，大力发展住房租赁市场，加快构建多主体供给、多渠道保障、租购并举的保障性住房体系。推动文化事业发展，大力实施全民阅读、广播电视全覆盖、农家书屋、农村电影放映等文化惠民工程，建立省市县乡村五级公共文化服务基础设施网络。广泛开展全民健身活动，加快实现城市社区15分钟健身园、乡镇公共体育服务全覆盖。

（三）加强和完善社会治理

党的十九大报告提出，打造共建共治共享的社会治理格局，这是适应我国社会发展变化作出的战略部署。而打造共建共治共享的社会治理格局，需要整合社会治理中的各种要素，化解社会治理中的结构性问题与体制机制矛盾，推动各种要素高效参与社会治理。江西要全面落实依法治国基本方略，加强社会治安综合治理，规范社会组织管理，依法打击和惩治违法犯罪活动。进一步增强联动融合、开放共治的意识，加快民主法治、科技创新步伐，不断完善全省社会治理体制机制，加大力度建设更加稳定、和谐、有序的平安江西。创新社会治理理念、体制、技术，通过管理扁平化、治理智能化、信息共享化，不断提升社会治理体系和治理能力的现代化水平。深化学习"枫桥经验"，从源头上防范和化解社会矛盾，加快完善矛盾纠纷多元化解机制，落实重大决策社会稳定风险评估制度和重大不稳定问题清单制度，深化信访工作制度改革。强化司法公信力建设，深化司法公开，保持司法公正，加快建立畅通有序的权益保障、诉求表达、矛盾调处机制。不断完善省内各类城乡社区建设，加强社会服务与信息技术的结合，运用信息化、智能化技术深化平安城市、平安乡村建设，不断创新流动人口、特殊人群的服务管理。有效发挥政府的主导作用、社会组织的辅助作用、群众参与的基础作用，建立完善党委领导、政府负责、社会协同、公众参与、法治保障的社会治理体制。强化和落实社会治安综合治理领导责任制，加快建立全方位、立体化、信息化的社会治安防控体系和公共安全网络，依法严厉打击各类省内违法犯罪行为。严格落实国家、省内的安全生产责任和管理制度，不断完善全面高效的食品药品安全治理体系，不断提高综合防灾减灾救灾能力，加快完善全省应急体系建设。

（四）提升城市功能与品质

全面提升江西城市功能与品质，改善城市形象，是深化城乡环境综合整治、推动江西高质量、跨越式发展的必然要求。要不断提高江西城市的发展质量，提升城市各类功能的品质，将全省 11 个设区市建设得更加宜居宜业，提高居民的幸福指数。要不断完善城市规划，加强城市设计，彰显山水人文特色，推动人、景、城和谐共生。要提升城市功能，加快城市公共服务设施建设，打造便捷舒适生活圈。同时，要注重城市治理，既注重"面子"，更注重"里子"，统筹推进智慧城市、海绵城市、城市"双修"等工作，深化环境综合整治，提高城市治理智能化、精细化水平。科学收集人民群众对城市最关心的重点、热点问题，依据相关结果，全力整治城市中的脏、乱、差、堵等主要问题，加大力度消除城市中占道经营、交通拥堵、电线电网乱搭乱建、城市内河黑臭等突出问题，不断提高百姓的幸福指数。针对制约江西城市发展的重点问题和突出"短板"，要有针对性地完善城市各项功能设施，提升城市整体风貌。不断完善城市公共停车场及路网建设，全面推进污水管网、垃圾环卫设施、海绵城市等建设，完善文化、教育、公共体育、卫生等城市基本公共服务设施体系建设，推动城市功能、品质与城市形象登上新高度，切实增强人民群众的幸福感。对标江西高质量发展的具体要求，科学提高城市规划水平，加强城市管理建设，重点建设一批智慧城市、生态城市，并依据相关经验推广全省。结合江西自然资源禀赋以及优秀的人文传统，不断塑造富有地方特色的各类城市风貌，彰显地方特色，充分展示"美丽江西"魅力，推动江西城市功能、品质、形象跻身全国前列。

（五）完善多层次社会保障体系

党的十九大报告提出，全面建成多层次社会保障体系，对于不断提高保障和改善民生水平，促进国家治理体系和治理能力现代化，推动经济社会发展朝着更高质量、更有效率、更加公平、更可持续方向前进，有着重大现实意义和深远历史意义。江西要不断完善省内多层次的社会保障体系，坚持全覆盖、保基本、多层次、可持续的基本方针，按照兜底线、织密网、建机制的基本要求，实现覆盖全省居民、城乡统筹、权责清晰、保障适度、可持续的奋斗目标，真正体现我国社会公平正义的价值观，力争满足江西民众不同的需求。同时，要全面实施全民参保计划，改革完善各项社会保障制度，逐步建立社会保险待遇确定机制和正常调整机制，是实现覆盖全民目标、促进人人享有基本社会保障最重要的举措。通过全面实施全民参保计划，对各类人员参加社会保险情况进行登记补充完善，建立全面完整准确的社会保险参保基础数据库，实现全省联网和动态更新。建立健全基本养老保险待遇正常调整机制，完善职业年金制度，不断完善养老保险省级统筹，加快探索推进医疗保险省级统筹步伐。党的十九大以来，省内机关事业单位养老保险制度改革积极推进，统一的城乡居民基本养老保险制度全面实施，养老保险基金启动投资运营，企业退休人员基本养老金水平稳步提高，有效保障了各类退休人员的基本生活。在今后的发展中，江西应积极应对省内人口的老龄化，必须加快推进养老保险制度改革，提高养老保险覆盖面。继续完善社会统筹与个人账户相结合的城镇职工基本养老保险制度。不断完善城乡居民基本养老保险缴费政策，健全参保缴费激励约束机制。针对人口老龄化加速发展的趋势，按照国家标准，适时研究出台渐进式延迟退休年龄等应对措施。健全全省农村留守儿童、妇女、老年人关爱服务体系，大力发展江西慈善事业，激发慈善主体发展活力，规范慈善主体行为，完善监管体系。

第九章
实现江西经济高质量发展的对策建议

一、加大思想解放力度，激发高质量发展活力源泉

思想解放是破除旧框框、扫除发展障碍的不二"法宝"。推进经济高质量发展是一场关系全局的深刻变革，必须破立并举，跳出传统思维，牢固树立和自觉践行新发展理念，进一步强化担当意识，以思想观念变革引领质量变革、效率变革、动力变革。

（一）打破常规思维定势

习近平总书记强调：如果思维方式还停留在过去的老套路上，不仅难有出路，还会坐失良机。传统经济发展思维认为要素投入就能带来高增长，因而忽视全要素生产率提高，同时不注重生态环境、可持续发展等问题，只顾眼前利益和"唯 GDP 论"，造成了产业结构不合理、环境污染、社会民生事业落后等问题。因此，必须冲破传统理念的束缚，摒弃以投资驱动和要素投入从而带动规模扩张的目标追求，摒弃发展速度快和慢的判断标准，牢固树立创新、协调、绿色、开放、共享的新发

展理念。重点要打破三类常规思维定势。一是要打破传统的工业发展思维。城市的发展离不开工业，对于工业的发展、政府的决策、资源的配置、技术的运用等，如果都围绕产业划分，就会产生局限片面结果。需要跳出局部看整体，从项目投资、土地供应、人才培养、科研储备、配套设施建设等方面出发，形成整体工业发展思维模式，摒弃传统产业束缚，结合互联网、金融、智能制造等发展新元素，将传统单一产业发展、融合或者衍生，站在大工业的角度思考和看待问题。二是要打破传统的发展模式思维。目前，农业的现代化，制造业的"互联网＋"、生产性服务业、"公司＋农户"等，商业的互联网化、实体化，都已经远远超出了原先传统产业分类的界限。如今的经济发展也已经跳出了地域的束缚，第一产业和第二产业的融合，第三产业与第一、第二产业的紧密联系，都说明产业融合发展已成大趋势，应利用科技创新改变传统、利用思维创新改变模式、利用合作共赢改变心态、利用服务民生改变导向，对经济体系内的农民农村农业、工业、服务业等融会贯通发展。三是要打破传统的目标导向思维。未来的经济发展导向，应该是追求更加协调、更可持续、更高质量的发展，必须树立质量效益导向，更加注重在转变发展方式、优化产业结构、转换发展动力、提高发展质效等方面下功夫，从拼投入拼资源的增长，转向生态化绿色化的发展。

（二）积极践行新发展理念

要深入学习贯彻习近平新时代中国特色社会主义思想和党的十九大精神，认真贯彻落实习近平总书记对江西工作重要要求，坚定不移践行新发展理念，聚焦重点、强化统筹，完善机制、优化环境，大力推动经济发展质量变革、效率变革、动力变革，加快走出高质量发展新路。

通过深入实施创新驱动发展战略，大力发展新经济培育新动能，加快构建现代化经济体系；围绕"一圈引领、两轴驱动、三区协同"区域发展战略，做好统筹规划，推动战略谋划互补、基础设施互联、产业发展互动、公共服务互享，实现融合发展、错位发展、竞相发展，促进区域经济向更高水平和更高质量迈进；科学统筹城市健康发展和乡村振

105

兴，努力形成以城带乡、以乡促城、城乡互动新格局；加快推进国家生态文明试验区建设，要在优生态、促转化上持续用力，以法治化方式巩固生态环境优势，以市场化方式促进生态价值转化，以社会化方式提升生态文明水平，高质量推进国家生态文明试验区建设，高标准打造美丽中国"江西样板"；以国家战略为引领，加强开放大通道及支点门户、开放平台建设，推进机构改革和政府职能转变，深化重点领域和关键环节改革，打造内陆双向开放新高地，以深化市场化改革优环境、强动力，以扩大高水平开放添活力、拓空间，整体提升江西开放层次和水平；坚持以人民为中心，在共建共享中满足人民日益增长的美好生活需要等，真正做到崇尚创新、注重协调、倡导绿色、厚植开放、推进共享，让新发展理念真正成为高质量发展的引擎。

（三）强化担当意识

要有勇立潮头的使命担当，以"敢为天下先"的胆魄和"不破楼兰终不还"的毅力，全力破除制约江西高质量、跨越式发展的各类"绊脚石""中梗阻"。要坚守正确的政治原则，坚守正确的目标要求，坚守正确的价值取向，坚决按照中央部署，有计划、有步骤地推进改革开放，确保中央的大政方针不折不扣落到实处，努力给人民群众带来更普惠、更充分、更优质的获得感、幸福感、安全感。要加强宣传引导，积极组织全社会开展解放思想大讨论，进一步激发工作热情，在观念和思想碰撞中形成敢于担当、敢于创新的共识，形成人人解放思想、个个奋勇争先的良好氛围。要建立健全容错纠错机制，妥善把握事业为上、实事求是、依纪依法、容纠并举等原则，科学研判，对干部的失误错误进行综合分析，对该容的大胆容错，不该容的坚决不容。完善干部"能上能下"体制机制，坚持"无功就是过，不为就是错"的理念，强化正面激励和反面警示效果，对担当作为、创新竞进的干部大力进行正向激励，对不作为不担当的干部严肃问责，让"实干家"走上重要岗位，真正实现干部有多大担当就提供多大舞台。要有高效务实的工作作风，以"马上就办"的精神，不断强化服务意识，"只为办好想办法，不为不办找理由"，步步为营、久久为功，在持续发力中不断扩大改革开放的战果。

二、推进人才强省战略，打造高水平人才集聚高地

党的十八大以来，习近平总书记多次强调人才是第一资源，并对人才工作做出一系列重要指示。从江西发展历程来看，人才资源匮乏是长期制约江西经济社会发展的突出短板。必须把人才工作列为"一把手工程"，树立强烈的人才意识，采取超常规措施深入推进人才强省战略，加快提升人才的数量和与质量，推动建成更加科学高效的人才管理体制，着力为江西经济高质量发展提供坚强人才支撑。

（一）全方位多渠道引进人才

树立"人各有才、人尽其才"理念，针对不同层次、不同领域、不同类型的人才制定具体化、普惠性举措，形成重点突出、层次分明、覆盖广泛、务实管用的人才引进政策体系。一要引进高层次人才。以实施省"双千"计划为龙头，定期收集梳理各地区、各部门、各单位人才需求信息，及时制定发布引才目录和项目榜单，采取"一事一议"的方式，面向海内外大力引进科技创新创业领军人才，特别是引进对接《中国制造2025》、实施"互联网＋"行动计划以及发展江西重点战略性新兴产业和生态文明建设等急需紧缺人才和高层次人才团队。二要争夺基础人才。加快扩大政策对各类人才的覆盖面，通过全面放宽学历、落户等限制条件，加大对住房、创新创业贷款的优惠力度，吸引各类服务地方经济发展的基础人才来赣就业生活。强化各高校和教育主管部门责任意识，将毕业生在本省的就业率作为重要考核指标，加大动员和宣传力度，鼓励更多的毕业生特别是赣籍毕业生留在江西发展，扭转人才

长期流失的不利局面。三要创新人才引进方式。通过政府购买服务、后补助等方式，深化与人才中介结构合作，探索实施重大引才活动服务外包，提升引才活动的效率。实行"招商＋引才"模式，将招才引智融入招商引资活动，同步引进一批创业创新人才。探索构建政府、用人主体、中介机构、人才四位一体的精准引才机制。采取柔性引才方式，集中引进一批江西产业发展方面急需紧缺人才。对符合成果转化成效显著和取得积极经济社会效益的，给予用人单位一定的引才补助奖励。发挥省市驻外机构的窗口作用，鼓励省内企业实施"联合引智"行动，定期到发达地区开展引才活动。

（二）加大本土人才培养

坚持"引育并举"，在大力引进人才的同时充分盘活现有人才资源，调动本土优秀人才服务地方发展的积极性，构建多层级育才格局。一要精心储备一批本土人才。加快实施院士后备人选支持计划、青年拔尖人才培养计划、支持优秀人才团队科研成果转化计划"三大人才计划"，立足省内加快培养具有发展潜力的高端人才。在省级人才工程项目中设立青年专项或向青年人才倾斜，定向选拔、重点培养，形成结构优良的后备人才梯队。要常态化对本土人才进行摸底，及时精准地识别一批善经营、技艺优、带头致富能力强的本土能人和名人，分门别类建立本土人才信息数据库，实施网络化动态管理。广泛组织开展各类技艺、技能比武等活动寻找人才、发现人才，并按照"有影响、有绝技、有创新"的标准把本土具有一定专长的人及时吸纳进来，不断壮大本土人才队伍。二要注重培育和大力开发本土人才。深入实施省"百千万人才工程""井冈学者"特聘教授奖励计划、全省宣传思想文化系统"四个一批"人才工程、江西省文化名家工程、"江西省国医名师"等人才计划。实施"技兴赣鄱"专项行动，开展校（院）企联合培养试点，推进技能人才培训基地建设，举办职业技能竞赛，加快培养一批优秀"赣鄱工匠"。以"懂农业、爱农村、爱农民"为根本方向，围绕农村生产服务、农技推广应用等方面，加快实施新型职业农民、"一村一名大学生"等工程，造就一批致富本领高、带动能力强的农村实用人才。整合优质资源，充分利用本地各类教育培训基地和科研院所、企业技术研发中心等产学研合作平台，开启校政企联合培养模式，对不同类型、领域、特长的本土人才进行差异化培训，不断提升培训的针对性和精准性。对企业管理人才可探索实行"精英化培养"，携手名校，合作培养更多懂技术、善管理、会经营的新型人才；对专业技术人才可实行"职业化培养"，加大在职人员继续教育力度，采用多种形式，加快知识更新步伐，培育更多适用、实用的"土专家、田秀才"。三要大胆激励本土人才。不断优化本土人才的发展环境，持续激发本土人才创新创业的热情和活力。通过创新制定本土人才激励政策，对本地培养并符合相关规定的人才，除租房补贴外可享受与引进高层次人才同等待遇。常态化开展各类评选评优活动。充分发挥省人才基金、人才服务银行、人才创新创业引导基金等作用，为本土人才创新创业提供全方位的支持。对本土人才实施分类评价，对人才不求全责备，注重靠实绩和贡献评价人才，对政治素质好、技术能力较强的优秀本土人才要进行重点培养，助推本土各类优秀人才脱颖而出，努力将他们发展成为区域发展的"领头雁"。

（三）精心搭建培养人才的平台载体

引才为先，用留为本。人才既要引得来，还要用得好、留得住。人才留得住必须提供才能充分发挥的平台载体，为人才发展提供更大的干事舞台。一是做大产业平台。坚定不移实施创新驱动、工业强省、"2+6+N"产业跨越式发展等重大战略和行动，重点推动航空、新一代信息技术、新能源汽车、先进装备制造、新能源等战略性新兴产业加快发展，着力改造提升有色、石化、冶金、建材等传统产业；出台服务业高质量发展意见，推动生产性服务业向专业化和高端化延伸、生活型服务业向精细化和品质化转变，大力发展以数字经济、共享经济等为代表的新业态、新模式，加快构建具有江西特色的现代产业发展体系，为各类人才施展才华提供广阔舞台。二是做强承载平台。加快争创鄱阳湖国家自主创新示范区，着力抓好南昌航空、中国（南昌）中医药、赣州稀金、上饶大数据和鹰潭智慧五大科创城建设，努力打造一批高水平的创新平台。依托赣江新区、国家级开发区、国家一类开放口岸、省级高新区等平台，加大各类创业载体建设力度。深入实施央企入赣、招大引强等战略，吸引一批中字头、世界 500 强企业来赣设立分支机构。加快推进省属国有企业混合所有制改革，加大个转企、小升规、规改股、股上市力度，培育一批"专精特新"企业。三是做优产学研平台。加强科教领域的"申引联"力度，引进国内外知名大学、科研院所和国家实验室、大型科学装置和研究中心落户江西。在我省现有国家级中试基地主体的基础上，加快完善中试基地规划、布局和建设。鼓励省内高校、科研机构等事业单位放活体制机制，开展多种形式的产学研协作，建设一批以企业为主、产学研合作的人才培养实训基地。深化科技体制改革，建立以企业为主体、市场为导向、产学研深度融合的技术创新体系，加强对中小企业创新的支持，促进科技成果转化。制定出台《关于促进科技创新的若干措施》，支持产学研集群式研发、组建产业技术联盟，提升产业创新能力，打造新兴产业聚集区。

（四）完善人才发展支撑体系

坚持把优化创新创业生态作为工作重点，努力营造以制度、环境、服务等为主的"生态竞争"综合优势，把江西打造成创新、创业、创造的乐土和人才的高地。一是改革人才评价机制。坚持德才兼备、水平业绩与发展潜力、定性与定量评价相结合，注重凭能力、实绩和贡献评价人才，坚决克服唯学历、唯职称、唯论文等倾向，以职业属性和岗位要求为基础，坚持人才评价主体的多元化，在政府和用人单位的基础上，引入市场、专业组织、服务对象等更多主体参与，构建能进能出的人才退出机制。二是创新人才激励机制。坚持物质激励与精神激励并重，加快人力智力密集型单位薪酬标准的改革步伐，畅通科技成果转化通道，鼓励科技人才通过以知识产权入股、技术转让等多种方式参与收益分配。建立完善晋升激励机制，最大限度地激发人才的创新激情与活力。完善企事业单位绩效工资制度，鼓励采取年薪制、协议工资制、项目工资制等与国际接轨的薪酬制度引进高层次人才，所需经费计入当年单位工资总额，不作为工资总额基数。对在技术创新和成果转化中做出重要贡献的技术人员、核心骨干可实行股权期权激励，不适宜实行股权期权激励的采取其他激励措施。三是优化人才保障服务机制。建立完善服务创新创业人才的"绿色通道"，在政策落实、手续办理、信息咨询、项目申报等方面，为引进人才提供"保姆式""一站式"服务。建立领导干部经常性联系服务人才制度，帮助人才解决困难和问题。深化人才待遇配套制度改革，在子女教育、医疗健康、配偶就业等多方面开辟"直通车"。加强舆论宣传，多渠道宣传报道江西人才工作的重要政策、重大举措、先进经验和优秀人才，努力在全社会形成尊重知识、尊重人才、尊重创造的氛围环境。四是健全人才多元投入机制。充分发挥财政资金的杠杆作用，建立政府、企业、社会多元投入机制。鼓励全省开发区、省属国有企业逐步加大在人才引进培养、科技研发支持等方面的投入。鼓励各类专项基金对科技含量高、转化前景好的高科技人才创新创业项目给予接续支持。落实有利于人才发展的税收支持政策，对进行人才引进和培养有突出贡献的单位、组织以及社会各类团体进行相应的奖励。搭建社会资本对接平台，鼓励金融机构创新产品和服务，定期举办人才项目对接会、投融资洽谈会、高新技术产业与风险资本对接推进会，引导社会资金和金融资本投资人才创新创业。

三、降低企业资金压力，夯实高质量发展要素支撑

财税金融政策协同发力对于拓宽实体经济资金渠道，促进实体经济降本增效至关重要。要以推动经济高质量发展为主线，加大财税、金融扶持力度，创新要素支持方式，推动更多要素资源向实体经济集聚。

（一）强化财政引导扶持

聚焦经济高质量发展重点领域、重点产业、重点项目，提高财政资源配置效率和使用效益，不断提升高质量发展财政保障能力。一要建立高质量发展重点领域财政支持制度。围绕打好三大攻坚战、深化供给侧结构性改革、乡村振兴战略、区域协调发展战略和创新驱动发展战略，完善财政转移支付体制、区域生态保护补偿机制、财政奖补等制度。重点围绕"2+6+N"产业高质量跨越式发展，进一步扩大省级工业转型专项资金规模。加大对绿色低碳循环经济、科技研发、生态修复、民生改善等方面的支持力度。二要加大财政资金统筹整合力度。整合财政专项资金，探索设立高质量发展专项资金，通过"政府引导、市场化运作、专业化管理"的方式，发挥财政资金杠杆作用，吸引金融、证券等各类要素市场资金及社会资金进入，不断做大资金总量。更好发挥战略性新兴产业投资引导资金作用，瞄准新一代信息技术、生物医药、先进装备制造、新材料、节能环保等产业，支持重大项目实施。逐步扩大省级《中国制造2025》专项资金规模，市、县要建立相应的配套投入机制。三要注重财政投入方式创新。转变财政资金使用方式，积极探索产业资金由无偿变有偿、拨款变股权、资金变基金。充分发挥现有产业引导股权投资基金的引导带动作用，逐步构建政府投资基金体系，不断完善基金管理运营制度。创新公共服务供给方式，加大政府向社会组织购买服务力度。优化政府与社会资本合作项目沟通协调机制，切实开展物有所值评价及财政承受能力论证。加强财政金融政策工具互动，灵活运用贷款贴息、风险补偿、以奖代补等手段，着力撬动更广泛领域的社会资本投入，有效提升财政保障能力。四要全力构建全过程绩效管理体系。以高质量发展为引领，切实加强预算绩效管理，健全"集中财力办大事"的财政保障机制。制定全过程绩效管理实施办法，加快建立"预算编制有目标、预算执行有监控、预算完成有评价、评价结果有应用、绩效缺失有问责"的全过程绩效管理体系。以绩效评价为核心，不断拓展评价领域，加大项目支出、部门整体支出和财政支出政策评价力度。严格实施结果应用，推动评价结果与财政支出政策调整、预算安排和资金分配挂钩。

（二）优化金融服务供给

金融是现代经济的核心和血脉，增强金融服务实体经济的能力和水平，为高质量发展注入金融"活水"。一要做大做强"金融赣军"。依托赣江新区绿色金融改革试点经验，扩大绿色金融改革范围，逐步形成以银行、证券、保险等传统持牌金融机构为主体，准金融、类金融等新业态规范发展，多元化、多层次的地方金融综合集聚区。支持江西银行、九江银行、赣州银行、上饶银行等本土银行机构引进战略投资，做大金融总量，提升综合实力和区域辐射能力。推动省金融控股集团、省投资集团等省属国有资本投资运营平台做大做强，充分发挥其对接资本市场、整合盘活各类国有资产、推动企业市场化重组及投融资和担保等功能。二要完善金融服务体系。大力发展多层次资本市场，实施企业上市"映山红"行动，拓展直接融资渠道。支持企业通过发行债券、票据、引进股权投资基金等方式，提高直接融资比重。注重发挥政策性金融和商业化金融的合力，在保持信贷总量合理增长的同时加强对高新技术产业培育壮大、传统产业转型升级、乡村振兴发展、生态环境改善等项目的信贷支持力度。充分发挥保险保障功能，从规范保险市场、丰富产品体系、提升服务能力等方面助力经济高质量发展。鼓励社会各类资本到县域设立村镇银行、贷款公司、农村资金互助社等新型农村金融机构；规范和引导民间借贷健康发展。三要创新金融产品和服务方式。持续深化金融改革创新，加快绿色金融、科技金融和普惠金融发展。总结"财园信贷通""财政惠农信贷通""油茶贷""扶贫贷""挂牌贷""军民融合信贷通"等创新信贷产品经验，不断提高信贷额度、扩大业务范围。深入推进"两权"抵押贷款试点和林权抵押贷款工作。支持金融机构开展动产、知识产权、股权、单据、应收账款等抵（质）押贷款。鼓励金融机构运用大数据、云计算等新兴信息技术，打造互联网金融服务平台，为客户提供信息、资金、产品等全方位金融服务。加快构建省市县三级联动的融资担保体系，完善政府、银行业金融机构、融资担保公司合作机制，建立新型政银担合作关系和风险分担机制。

（三）落实减税降费政策

进一步推动减税降费政策措施贯彻落实，促进积极财政政策落地生根，提升企业和群众对减费降费的获得感。一要深化财税体制改革。以《深化财税体制改革总体方案》为顶层设计，推进财政管理体制改革。稳妥实施省以下税收收入划分改革，推进省以下财政事权和支出责任划分，厘清省与市县政府财政关系，加快建立较为明晰、运转较为顺畅的财政事权与支出责任制度，并实行清单化管理。全面落实税制改革，密切跟踪中央税制改革动向，继续深化资源税改革，巩固扩大营改增改革成果，改革国税地税征管体制，构建优化高效统一的税收征管体系。积极开展地方税体系调研，加快建立有利于科学发展、社会公平、市场统一的地方税收制度体系。二要减轻企业税收负担。以制造业、战略性新兴产业、中小企业、创新创业为重点全面减税降费，较大幅度降低制造业特别是高技术制造业增值税税率。围绕鼓励研发创新，落实研发费用加计扣除、固定资产加速折旧、企业兼并重组、重大技术装备进口等优惠政策，加大对装备首台（套）、新材料首批次等扶持力度。落实支持科技成果转化、创业投资发展、企事业单位改制重组的税收减免政策。加强税收执法督察，对服务企业不到位、落实政策打折扣、不作为、乱作为的单位和个人严格责任追究。三要降低涉企收费。进一步清理规范行政事业性收费和涉企经营服务性收费项目，完善目录清单并向社会公布。降低物流成本，确保国家降低物流成本的政策措施落地实施，选择部分高速公路开展差异化收费试点，降低交通通行费标准。加大铁海联运等多式联运的政策补贴力度，提升赣江水道的通航能力。大力发展"互联网＋高效物流"。降低融资成本，促进信贷资金与实体经济对接融通，合理确定企业贷款利率，切实降低企业贷款成本，提高民营企业申贷获得率。鼓励有条件的地方按照国家规定设立政府性担保基金或风险补偿金，降低担保业务收费标准。降低用能成本，完善煤电价格联动机制，推进电力直接交易，完善峰谷电价政策。推动社会保险费率阶段性降低，适当提高企业职工教育经费支出扣除比例，合理降低企业人工成本。

四、加强市场体系建设，营造高质量发展最优环境

环境是经济发展的软实力，抓环境就是抓发展，高质量发展必须高度重视发展环境优化工作。要以群众满意、企业满意、投资者满意为检验标准，努力打造政策最优、成本最低、服务最好、办事最快的发展环境，不断增创发展新优势。

（一）持续深化"放管服"改革

进一步深化"放管服"改革是新时代实现经济高质量发展的必然要求。一要深化投资体制改革。总结赣江新区和赣南苏区投资项目承诺制改革经验，有序铺开试点范围。强化全省投资项目在线审批监管平台应用，实现投资项目审批"一口受理、统一赋码、网上办理"，做到"平台之外无审批"，积极推行企业投资项目承诺制、政府代办制。优化政府投资安排方式，政府投资资金按项目安排，以直接投资方式为主，对确需支持的经营性项目，主要采取资本金注入方式投入，也可适当采取投资补助、贷款贴息等方式进行引导。规范招投标标准和程序，依法大幅缩小必须招标项目的范围。二要推进政务服务标准化规范化建设。加快编制全省统一的政务服务事项目录清单和实施清单。着力推动"互联网＋政务服务"，按照"一网通办"等"六个一"要求，推进全省政务信息资源整合共享，实现各地各部门业务审批系统"网络通、数据通、业务通"，着力破解企业和群众办事难、办事慢、办事繁问题。探索建立并逐步推行投资项目审批首问负责制，投资主管部门或审

批协调机构作为首家受理单位"一站式"受理、"全流程"服务，一家负责到底。三要提高行政服务效率。加大"只进一扇门""一次不跑""最多跑一次"改革力度，充分运用大数据等新一代信息技术，加快建设投资项目在线审批监管平台，联通各级政府部门，覆盖全省各类投资项目，推行政务服务事项"在线申请、网上办理、邮递送达"，加快实现线下办事"一次办结"。深化相对集中行政许可权改革，加快推广南昌县、瑞金市等试点经验，实现"一枚印章管审批"。深化商事制度改革，全面推动"证照分离""照后减证"，大力削减后置审批事项，将企业开办时间和注销时间压减一半以上。

（二）深化产权制度改革

加快建立权责明晰、管理科学、运转高效的现代产权制度规则和运行机制，依法全面保护各类产权，增强各类经济主体的创新创业动力。一要稳步推进农村集体产权制度改革。深化农村集体产权制度改革，保障农民财产权益，壮大农村集体经济。加快完成农村集体资产清产核资工作，有序推进农村集体经营性资产股份合作制改革。规范农村产权流转交易，各市、县要加快制定交易管理办法、交易规则，完善运行机制。二要深化国资国企改革。大力推进公司治理机制建设，制定出台《关于进一步完善省属国有企业法人治理结构的实施意见》等相关制度，明晰股东会、董事会与经理层的决策管理边界，依法落实董事会依法选择管理者、总经理依法行使选人用人权。研究制定《江西省人民政府关于改革国有企业工资决定机制的实施意见》及配套文件，推动企业建立健全与劳动力市场基本适应、与经济效益和劳动生产率挂钩的工资决定和正常增长机制。全面推进劳动、人事、分配三项制度改革，启动实施江盐集团、省国控公司、大成国资公司三家企业职业经理人制度改革试点。扎实推进江铜集团、新钢集团和省建材集团等省属国有企业集团层面混合所有制改革，全面完成江钨股份、江西通航等第二批五家试点企业员工持股工作，总结推广国企混改的"江西模式"。鼓励各类资本参与国企改制重组，引导企业向重点区域和功能性区域集聚，优化国有资本空间布局。三要建立健全自然资源资产产权制度。加快自然资源调查成果收集整理，建立全省自然资源与地理空间基础数据库和统一的自然资源登记平台，全面完成全省自然资源统一确权登记。推进农村集体所有的自然资源资产所有权确权，依法落实农村集体经济组织特别法人地位，落实承包土地所有权、承包权、经营权"三权分置"，开展经营权入股、抵押。探索宅基地所有权、资格权、使用权"三权分置"。健全自然资源资产管理体制，完善自然资源有偿使用制度，逐步实现各类市场主体按照市场规则和市场价格，依法平等使用土地等自然资源。

（三）构建公平有序的市场环境

坚持构建公平有序的市场环境，处理好政府和市场的关系，推动市场机制高效运行，使市场在资源配置中起决定性作用，更好发挥政府作用，最大限度地激发各类市场主体活力。一要规范市场竞争秩序。完善市场准入规则、市场竞争规则和自愿、平等、公平、诚实守信的市场交易规则，督促各类企业严格执行相关政策和标准规定。工商部门加强事中事后监管，严厉打击违法经营行为，在全省范围内组织开展反垄断和反不正当竞争排查行动，营造公平有序的市场发展环境。对涉及市场准入和退出、商品和要素自由流动、影响生产经营成本和行为的政府性法规、规范性文件及其他政策措施，全面实施公平竞争审查制度。二要降低市场准入门槛。按照"非禁即入"原则，凡法律法规未明令禁入的服务业行业和领域，全部向外资和国内民间资本开放，实行内外资、本外地企业同等待遇。清理取消影响服务业发展的限制性、障碍性、歧视性政策。鼓励社会资本进入医疗、教育、公共网络、公共交通、城市基础设施等经营性公共资源领域，放宽外资准入，全面放开养老服务市场。依法依规保障不同区域、不同所有制企业公平参与政府采购活动。三要加强事中事后监管。构建统一规范、宽进严管的市场监督管理体系，深入推进综合行政执法体制改革，提高"双随机一公开"制度化、规范化、信息化水平，加强网络市场监管。创新网络市场监管机制，整合抽查抽检、网络市场定向监测、违法失信、投诉举报等相关信息，掌握相关领域违法活动特征，提高发现问题和防范化解区域性、行业性及系统性风险的能力，做到早发现、早预警。四要加快信用体系建设。强化全省政务诚信建设，着力打造诚信政府。加快全省统一的公共信用信息平台建设，建立健全信用承诺、信息公示、联合奖惩、信用修复等制度，进一步强化信用评级应用。继续扩大联合奖惩备忘录覆盖领域范围。加大对违法市场主体行政处罚和信用约束力度，实施更加严格的惩戒措施。依托各级信用信息共享平台，扩大各类守信主体获取便利优化服务范围，进一步提升全社会守信的积极性。积极构建第三方评估机制，培育、发展社会信用评价机构。

五、坚持创新驱动战略，提升高质量发展根本动力

推动高质量发展，根本的动力在于创新。要坚持创新驱动战略，有针对性地推出既着眼当前，又放眼长远的举措，打破制约创新的条条框框，让创新主体、创新政策、创新平台形成一套有机的系统，扫除制约高质量发展动力的"拦路虎"。

（一）加大知识产权保护力度。

持续推进知识产权"创造、保护、运用、管理、服务"，不断加大各种所有制经济知识产权保护力度，最大限度地激发各类市场主体创新的积极性。一要加快知识产权领域改革。适时扩大专利、商标、版权等知识产权管理"三合一"试点范围，提高知识产权管理效能。依托中国（南昌）知识产权保护中心，建立和完善知识产权快速审查、快速确权、快速维权工作机制，构建覆盖全省的知识产权维权援

助服务体系，探索建立知识产权资本化交易制度，推进特色型知识产权强省建设。健全知识产权信用管理体系，建立与知识产权保护有关的信用标准和信用档案，完善事前的预防和约束体系。加大对知识产权侵权失信行为的惩戒力度，对重复知识产权侵权行为、假冒知识产权行政处罚等信息，及时纳入国家企业信用信息公示系统（江西）和省公共信用信息平台。二要加大知识产权行政执法保护力度。强化专利行政执法维权队伍能力及条件建设，积极探索推进知识产权综合行政执法。建立重点产业和重点专业市场知识产权保护机制，深入开展知识产权（专利）行政执法维权打假护航专项行动，对知识产权重点案件实行挂牌督办制度。实施侵犯知识产权行政处罚案件信息公开制度。围绕互联网、电子商务大数据等新兴领域开展知识产权地方立法研究，尽快出台推进江西电子商务领域专利保护工作的指导意见。加大农业知识产权保护力度，大力维护好农产品老字号、"贡"字号和区域性公共品牌价值。三要发挥知识产权司法保护作用。充分发挥行政保护与司法保护两种方式的作用，推动形成两者优势互补、有机衔接的知识产权保护模式，对重要产业以及群众反映大的专利侵权行为，坚决依法予以打击。健全专利行政执法与刑事执法衔接机制、重大案件会商通报机制，畅通专利行政保护与司法保护通道，对涉嫌侵犯知识产权犯罪的案件，依法及时移送公安部门。探索实施惩罚性赔偿制度，加大侵权损害赔偿力度。推动建立知识产权专门法院或法庭，积极推进知识产权民事、刑事和行政审判"三合一"改革试点。打破以往的案件管辖行政区划限制，在南昌、赣州、九江、吉安等城市探索推动跨区域管辖发生在全省范围内有关专利、技术秘密、计算机软件、植物新品种、集成电路布图设计、驰名商标认定及垄断纠纷等知识产权民事和行政案件，实行扁平化审判运行模式，充实技术调查官力量，把江西打造成专利技术司法保护高地，提升区域竞争优势。

（二）提高培育创新主体活力

最大限度地发挥各类创新主体的优势，确保各项激励政策及时落地，更好地激活技术创新的关键要素。一要强化企业技术创新主体地位。支持企业以核心技术创新为战略导向，以国家战略为方向开展技术创新活动。完善有利于企业自主创新的政绩评价体系和科研项目评审体系，在相关考评中，加大对创新方面的考察权重。大力培育创新型企业，实施高新技术企业倍增计划、"瞪羚企业"培育计划，通过建设高新技术企业培育后备库重点支持等方式，加快培育一批成长速度快、创新能力强的"瞪羚企业"。鼓励各类金融机构大力开展科技金融业务，在高新区或高新技术企业密集的区域设立科技支行或科技贷款专营机构，鼓励社会资金积极投资科技企业，支持科技企业上市融资。二要积极培养创新核心人才。围绕涉及长远发展和重点产业的"卡脖子"问题，要加大对重点科研人员的支持，支持他们自由探索，加强原始创新，围绕支撑重大技术突破，推进变革性研究，在新思想、新发现、新知识、新原理、新方法上积极进取，强化源头储备，力争在重大基础研究领域和战略高技术领域取得关键突破。鼓励科研人员深入企业生产一线，参与企业技术研发、推广和科技服务项目，加快成长速度。鼓励科研院所与企业开展横向联合技术攻关。鼓励企业优秀人才到高校、科研院所挂职和参与课题项目，将企业实践与理论相结合，取长补短，同时帮助高校改进人才培养机制，在教学和研究中更加注重实践应用价值。三要完善灵活科研管理制度。政府支持重心应瞄准基础研究、前沿技术研究和关键共性技术研究等，科研项目选择和立项要更加体现高质量发展重大需求。扩大省级科研项目预算调剂权、经费使用自主权和技术路线决策权，拓宽项目直接费用列支范围，提高项目间接费用核定比例，加大对承担重大科研任务领衔人员的薪酬激励。完善项目过程管理和评价验收，推动项目管理向重实效、重结果转变，对基础和应用基础、技术创新和产品开发项目实行绩效分类评价。进一步加大成果转化收益比例、成果转化所得税优惠。

（三）推进产学研用深度融合

遵循科研、教育、生产、市场等不同社会分工在资源整合中的协同和集成化进程，加强科技与产业的对接，形成强大的研究、开发、生产、应用一体化的先进系统。一要加快构建产学研用深度融合的技术创新体系。围绕产业高质量发展，建立完善以市场为导向、企业为主体、政策为引导的产学研用合作创新机制，鼓励企业牵头联合高校、科研院所共同设立研发机构、技术转移机构或产业技术创新战略联盟，联合开展科技攻关、技术标准制定、知识产权应用与保护、科技成果转化等科技创新活动。建设省科技资源统筹服务中心，完善科技资源统筹服务体系，推进大型科学仪器等科技公共资源开放共享。二要打通科技成果转化的政策通道。健全落实鼓励成果转化的期权股权激励制度、政府采购制度等，扩大江西科技成果转化引导基金规模和支持转化范围。在落实好科技人员股权奖励递延纳税优惠政策的同时，对因职务科技成果转化获得的现金奖励给予税收优惠。建设省级以上技术转移示范机构、科技企业孵化器、高新技术产业基地及产业技术创新战略联盟。完善技术交易市场，技术转移机构服务功能，健全科技成果转移转化支撑服务体系。三要完善成果转化应用平台。大力培育建设省级以上技术转移示范机构、科技企业孵化器、高新技术产业基地及产业技术创新战略联盟。依托国家级、省级大学科技园，打造政府、高校、企业协同创新生态体系，加速释放创新活力。引进国内外知名高校、大型科研机构、大型企业、具有自主知识产权的优秀创新团队来江西共建新型研发机构，解决科技与经济"两张皮"问题，破解"高校院所不愿做，单个企业做不了"的难题，实现科技转化为生产力的"无缝对接"。搭建服务平台，开展企业技术难题解决、高校科研院所成果转化、专利技术转让、校（院所）企战略合作等服务。

六、健全考核评价体系，树立高质量发展鲜明导向

考核是干事的"指挥棒"，也是成事的"助推器"。坚持质量第一、效益优先，健全经济高质量发展考核评价机制，形成体现高质量发展要求的考核指标体系、考核办法、奖惩机制等，使之成为推进经济高质量发展的重要导向和有效约束。

（一）科学设置考核指标体系

对标推进经济高质量发展要求，大幅增加资源消耗、科技创新、社会民生等考核权重，弱化速度指标，建立覆盖各地区、各单位的分级分类评价制度。一要建立健全市县综合考核体系。在高质量发展评价体系的基础上，根据各市县发展阶段、要素禀赋、经济结构、功能定位等方面的差异，采取"共性＋个性"的综合考核体系。在共性指标设置上，应从经济发展、改革开放、城乡建设、文化建设、生态环境、人民生活六方面反映发展质效，充分体现新发展理念和突出高质量的根本要求。个性指标可根据实际情况差异设置，如在南昌大都市圈尤其是赣江新区，指标设置要突出创新驱动、人才集聚、城乡融合等。同时设置加减分项，对获得国家级的表彰、表扬、奖励等给予加分，对未完成约束性目标任务，发生重大以上安全事故、环境事件，发生重大投诉和群体性事件等，给予适当减分。二要优化部门绩效评价体系。各类党政工作部门、群团组织、国有企业、科研院所及其他事业单位企事业单位要对标高质量发展评价体系，结合岗位职责和在经济社会发展中的定位，分门别类建立绩效评价体系。如国企应突出提升核心竞争力和创新能力、提高发展质量效益水平等方面绩效评价；金融机构的绩效评价要突出服务实体经济发展、风险控制和防范等方面。支持各部门在推进高质量发展

中积极探索新政策、新机制、新方法，完善形成适度容错的政绩考核机制。通过对各类型单位开展绩效评价，在全体公民中形成高质量发展的自觉行动。

（二）改进考核评价方式方法

实行差别化与综合性相结合、定量与定性相结合、结果与过程管理相结合的评价方式，提升考核评价方式的科学、公平公正和可操作性，确保考核结果真实可靠。一要增强考核评价的参与度。将所有相关职能部门和主管单位紧密结合起来，在"上对下"的单向考评基础上，探索"上对下＋下对上"的双向评价机制。鼓励引入第三方作为政绩考核的主体，增强考核结果的专业性、权威性和独立性。充分发扬民主，拓宽群众和各类政府服务对象参与评价渠道，适当加大社会评价和民营企业、外资企业、群众满意度调查结果在考核分值中所占的权重，克服政府部门"既当运动员，又当裁判员"的矛盾。二要客观对待过程性和结果性指标。切实破除唯 GDP 论，辩证看待主观努力与客观条件，对于以脱贫攻坚、去产能、污染防治等为代表的短期亟须突破、可操作性强的具体工作以及反映工作进展情况的过程性指标等，作为年度考核的重点；需要持续发力、短期难以见效的目标和任务以及反映相关工作累计效果的结果性指标，重点在任期考察、换届考察和个别提拔任职考察时实施综合考核评价。三要综合运用考核结果。高质量发展考核评价结果及时向社会公布，倒逼各级各部门把目标导向和问题导向结合起来，及时改进工作方式、调整政策措施、提升落实效能。让高质量考核的结果与干部选拔任用充分结合，形成能者上、庸者下、劣者汰的用人机制，切实以考核结果激励实干斗志、激发干事动力、汇聚经济高质量发展正能量。对于损害生态环境、过度举债等影响长远高质量发展的行为，实行终身责任追究。建立健全考核评价结果与转移支付、政策支持等相结合的机制。

（三）建立健全考核评价配套体系

推动建立适应高质量发展的标准体系、统计体系等，推动相关配套政策逐步完善，为完善高质量发展考核评价体系提供基础支撑。一要建立推动高质量发展的标准体系。大力实施标准化战略，对标对齐重点领域国内外先进标准，提升一批高质量发展重点行业和领域的标准化水平。紧密结合国家生态文明试验区（江西）建设，开展绿色生态标准化试点示范建设，加快生态文明试验区标准化合作建设，加快国家技术标准创新基地（江西绿色生态）建设，力争江西生态文明标准化达到国内领先水平。积极推动江西与国家标准化管理局的合作，大力促进标准化与现代化产业体系、公共服务等领域深度融合发展，推动更多国家标准化专业委员会落户江西。二要形成推动高质量发展的统计体系。进一步健全以新技术、新产业、新业态、新模式为核心的新经济统计调查体系，特别是研究建立反映数字经济、共享经济、现代供应链的统计制度，改进完善新经济增加值核算方法，改进经济发展新动能指数的计算方法。按照准确衡量高质量发展的要求，借鉴国际统计先进经验，逐步完善统计分类。积极运用大数据等新一代信息技术和资源开展统计调查，提升统计工作的效率，提高统计数据的质量。

附表 1　北方各省高质量发展评价体系原始数据（不包括新疆、甘肃、西藏）

项目	年份	北京	天津	河北	山西	内蒙古	辽宁	吉林	黑龙江	山东	河南	陕西	甘肃	青海
人均 GDP（亿元）	2010	73856	72994	28668	26283	47347	42355	31599	27076	41106	24446	27133	16113	24115
	2016	118198	115053	43062	35532	72064	50791	53868	40432	68733	42575	51015	27643	43531
全社会固定资产投资（亿元）	2010	4917	5897	12923	5527	8688	15106	7395	6293	18844	13935	2809	840	1293
	2016	7944	12779	31750	14198	15080	6692	13923	10648	53323	40415	20825	9664	3528
工业增加值（亿元）	2010	2764	4411	9554	4658	5618	8789	3929	4608	18861	11951	4559	1603	614
	2016	4027	6805	13387	4149	7233	6818	6070	3647	27588	17042	7598	1757	901
人均用电量（度）	2010	4128	4970	3742	4085	6216	3921	2101	1951	3440	2503	2300	3142	8256
	2016	4695	5172	4370	4881	10337	4654	2443	2360	5419	3136	3559	4081	10751
社会消费品零售总额（亿元）	2010	6229	2860	6822	3318	3384	6888	3505	4039	14620	8004	3196	1395	351
	2016	11005	5636	14365	6481	6701	13414	7310	8403	30646	17618	7368	3184	767
服务业增加值占 GDP 比重（%）	2010	0.75	0.46	0.35	0.37	0.36	0.37	0.36	0.37	0.37	0.29	0.36	0.37	0.35
	2016	0.80	0.56	0.42	0.55	0.44	0.52	0.42	0.54	0.47	0.42	0.42	0.51	0.43

续表

项目	年份	北京	天津	河北	山西	内蒙古	辽宁	吉林	黑龙江	山东	河南	陕西	甘肃	青海
制造业投资占固定资产投资比重（%）	2010	0.07	0.36	0.36	0.17	0.22	0.36	0.44	0.26	0.41	0.42	0.19	0.17	0.27
	2016	0.05	0.25	0.42	0.19	0.24	0.26	0.43	0.28	0.44	0.40	0.18	0.14	0.18
产业结构与就业结构偏离度	2010	0.98	1.21	1.50	2.05	2.99	1.91	2.17	2.34	1.55	1.76	2.10	3.01	2.22
	2016	1.10	1.12	1.31	3.31	2.76	1.39	1.93	1.32	1.37	1.62	3.11	2.78	1.91
税收收入占一般预算收入比重（%）	2010	0.96	0.73	0.81	0.71	0.70	0.76	0.73	0.74	0.78	0.74	0.74	0.62	0.81
	2016	0.88	0.60	0.70	0.67	0.66	0.77	0.69	0.72	0.72	0.68	0.66	0.67	0.74
城镇化率（%）	2010	85.94	79.58	44.50	48.04	55.50	62.10	53.34	55.67	49.70	38.50	45.76	36.13	44.72
	2016	86.50	82.93	53.32	56.21	61.19	67.37	55.97	59.20	59.02	48.50	55.34	44.69	51.63
居民消费支出占GDP比重（%）	2010	0.33	0.24	0.28	0.31	0.23	0.30	0.29	0.33	0.28	0.32	0.31	0.38	0.3
	2016	0.41	0.32	0.33	0.42	0.31	0.47	0.26	0.43	0.38	0.38	0.33	0.47	0.38
R&D经费支出占GDP比重（%）	2010	5.82	2.49	0.76	0.98	0.55	1.56	0.87	1.19	1.72	0.91	2.15	1.02	0.74
	2016	5.78	3.00	1.20	1.02	0.81	1.68	0.95	0.99	2.30	1.22	2.16	1.21	0.54
高新技术主营业务收入（亿元）	2010	3334	2291	883	234	225	1710	642	399	5149	1186	865.2	76.2	21.3
	2016	4309	3762	1836	997	407	1459	2068	488	12263	7402	2395	196	129
R&D人员数（人）	2010	193718	58771	62305	46279	24765	84654	45313	61854	190329	101467	73218	21661	4858
	2016	253337	119384	111384	44147	39480	87839	48252	54942	301480	166279	94755	25759	4166
专利申请授权数（项）	2010	33511	11006	10061	4752	2096	17093	4343	6780	51490	16539	8138	1412	193
	2016	100578	39734	31826	10062	5846	25104	9995	18046	98093	49145	22565	6114	1381
技术合同成交金额（亿元）	2010	1579.54	119.34	19.29	18.49	27.15	130.68	18.81	52.91	100.68	27.20	102.41	46.15	35.66
	2016	3940.98	552.64	59.00	42.56	12.05	323.22	116.42	125.81	395.95	58.71	802.79	217.37	43.22

续表

项目	年份	北京	天津	河北	山西	内蒙古	辽宁	吉林	黑龙江	山东	河南	陕西	甘肃	青海
实际利用外资占GDP比重（%）	2010	3.05	17.71	1.45	1.11	1.96	7.61	1.00	2.42	1.58	1.89	0.12	0.85	1.10
	2016	3.37	3.75	1.69	1.19	1.45	0.90	1.02	2.55	1.64	2.79	0.26	0.11	0.04
对外贸易依存度（%）	2010	145.96	60.77	14.08	9.33	5.11	29.86	13.27	16.80	32.97	5.27	8.16	12.27	3.99
	2016	72.65	37.89	9.60	8.43	4.24	25.67	8.24	7.11	22.75	11.65	10.19	6.25	3.92
对外承包工程营业额占GDP比重（%）	2010	1.25	1.83	0.95	0.53	0.02	0.48	0.21	0.69	1.04	0.61	0.00	0.31	0
	2016	0.65	2.34	0.53	0.35	0.02	0.47	0.17	0.90	1.17	0.57	0.83	0.25	0.80
国际旅游（外汇）收入占GDP比重（%）	2010	2.44	1.05	0.12	0.34	0.35	0.84	0.24	0.50	0.38	0.15	0.69	0.02	0.10
	2016	1.31	1.32	0.11	0.16	0.42	0.54	0.36	0.20	0.30	0.11	0.80	0.02	0.11
万元GDP能耗（吨标准煤）	2010	1.72	1.21	0.63	0.45	0.52	0.72	0.87	0.87	0.98	0.90	0.89	0.56	0.39
	2016	3.53	2.22	1.63	0.82	1.10	1.12	1.84	1.25	1.76	4.17	2.14	0.98	0.63
废水排放强度	2010	0.17	0.47	0.18	0.18	0.30	0.26	0.22	0.27	0.19	0.15	0.22	0.27	0.15
	2016	0.31	0.91	0.28	0.26	0.46	0.31	0.38	0.40	0.33	0.27	0.43	0.47	0.28
耕地面积（千公顷）	2010	223.78	443.70	6551.42	4064.18	9187.63	5031.21	7017.40	15858.00	7658.14	8177.45	3991.72	5396.52	587.93
	2016	216.33	436.93	6520.00	4057.00	9258.00	4975.00	6993.00	15850.00	7607.00	8111.00	3989.00	5372.00	589.00
森林面积（万公顷）	2010	52.05	9.32	418.33	221.11	2366.40	511.98	736.57	1926.97	254.46	336.59	767.56	468.78	329.56
	2016	58.81	11.16	439.33	282.41	2487.90	557.31	763.87	1962.13	254.60	359.07	853.24	507.45	406.39
工业固体废物综合利用率（%）	2010	0.66	0.99	0.57	0.66	0.56	0.48	0.67	0.77	0.95	0.78	0.54	0.48	0.43
	2016	0.86	0.99	0.56	0.48	0.46	0.41	0.56	0.52	0.84	0.74	0.77	0.52	0.50
工业废气排放强度	2010	2.97	1.20	0.36	0.26	0.42	0.68	1.05	1.03	0.89	1.02	0.75	0.66	0.34
	2016	10.63	4.14	0.69	0.43	0.66	0.85	1.42	0.79	1.43	1.66	1.34	0.69	0.49

续表

项目	年份	北京	天津	河北	山西	内蒙古	辽宁	吉林	黑龙江	山东	河南	陕西	甘肃	青海
居民消费水平（元）	2010	25015	17784	8057	8159	11080	12934	9141	8906	11611	7837	8273	7189	7234
	2016	48883	36257	14328	15065	22293	23670	13786	17393	25860	16043	16657	13086	16751
城乡居民人均可支配收入比	2010	2.19	2.41	2.73	3.30	3.20	2.56	2.47	2.23	2.85	2.88	3.82	3.85	3.59
	2016	2.57	1.85	2.37	2.71	2.84	2.55	2.19	2.18	2.44	2.33	3.03	3.45	3.09
一般公共预算支出中教育支出所占比重（%）	2010	0.17	0.17	0.18	0.17	0.14	0.13	0.14	0.13	0.19	0.18	0.17	0.16	0.11
	2016	0.14	0.14	0.19	0.18	0.12	0.14	0.14	0.13	0.21	0.18	0.18	0.17	0.11
每千人卫生技术人员数（人）	2010	13.58	7.12	4.00	5.58	5.13	5.46	5.08	5.00	4.71	3.45	4.68	3.65	4.53
	2016	10.77	6.08	5.26	6.13	6.76	6.34	6.10	5.83	6.45	5.74	7.57	5.16	6.24
城镇登记失业率（%）	2010	0.73	0.28	0.26	0.28	0.26	0.28	0.26	0.23	0.30	0.30	0.26	0.31	0.26
	2016	0.71	0.29	0.27	0.28	0.27	0.26	0.29	0.24	0.29	0.33	0.30	0.45	0.32

附表 2　南方各省高质量发展评价体系原始数据（不包括江西）

项目	年份	上海	江苏	浙江	安徽	福建	湖北	湖南	广东	广西	海南	重庆	四川	贵州	云南
人均GDP（亿元）	2010	76074	52840	51711	20888	40025	27906	24719	44736	20219	23831	27596	21182	13119	15752
	2016	116562	96887	84916	39561	74707	55665	46382	74016	38027	44347	58502	40003	33246	31093
全社会固定资产投资（亿元）	2010	4630	17416	8438	10281	7386	9406	8618	12599	6383	1258	6171	11061	2609	5053
	2016	6756	49663	30276	27033	23237	30012	28353	33304	18237	3890	16048	28812	13204	16119
工业增加值（亿元）	2010	6536	19278	12658	5407	6398	6727	6305	21463	3860	385	3698	7431	1517	2604
	2016	7555	30455	18655	10076	11698	12536	11337	32650	6817	483	6184	11058	3716	3891

续表

项目	年份	上海	江苏	浙江	安徽	福建	湖北	湖南	广东	广西	海南	重庆	四川	贵州	云南
人均用电量（度）	2010	5628	4911	5179	1810	3561	2323	1784	3889	2155	1831	2172	1925	2401	2182
	2016	6141	6825	6929	2897	5082	2996	2192	5101	2810	3133	3034	2543	3493	2956
社会消费品零售总额（亿元）	2010	6070	13607	10245	4198	5310	7014	5840	17458	3312	639	2939	6810	1483	2542
	2016	10946	28707	21971	10000	11675	15649	13437	34739	7027	1454	7271	15602	3709	5723
服务业增加值占 GDP 比重（%）	2010	0.57	0.41	0.44	0.34	0.40	0.38	0.40	0.45	0.35	0.46	0.36	0.35	0.47	0.40
	2016	0.70	0.50	0.51	0.41	0.43	0.44	0.46	0.52	0.40	0.54	0.48	0.47	0.45	0.47
制造业投资占固定资产投资比重（%）	2010	0.23	0.50	0.35	0.37	0.28	0.33	0.32	0.24	0.28	0.07	0.26	0.26	0.14	0.14
	2016	0.11	0.46	0.26	0.38	0.28	0.35	0.31	0.29	0.28	0.03	0.29	0.21	0.13	0.10
产业结构与就业结构偏离度	2010	0.96	0.98	0.97	1.53	1.23	1.30	2.07	1.38	2.29	1.99	1.67	1.88	3.25	3.5
	2016	1.07	1.15	1.26	1.40	1.01	1.74	1.82	1.24	2.49	1.42	1.46	1.53	2.79	2.96
税收收入占一般预算收入比重（%）	2010	0.94	0.81	0.94	0.75	0.84	0.77	0.68	0.84	0.69	0.87	0.65	0.76	0.74	0.81
	2016	0.88	0.80	0.86	0.70	0.74	0.68	0.58	0.78	0.67	0.79	0.65	0.69	0.72	0.65
城镇化率（%）	2010	89.29	60.58	61.62	43.01	57.11	49.70	43.3	66.18	40	49.85	53.01	40.17	33.8	34.71
	2016	87.9	67.72	67	51.99	63.60	58.10	52.75	69.20	48.08	56.78	62.60	49.21	44.15	45.03
居民消费支出占 GDP 比重（%）	2010	0.42	0.26	0.35	0.39	0.32	0.32	0.36	0.36	0.38	0.32	0.35	0.39	0.46	0.43
	2016	0.43	0.37	0.36	0.39	0.31	0.35	0.38	0.39	0.39	0.42	0.36	0.40	0.44	0.47
R&D 经费支出占 GDP 比重（%）	2010	2.81	2.07	1.78	1.32	1.16	1.65	1.16	1.76	0.66	0.34	1.27	1.54	0.65	0.61
	2016	3.72	2.62	2.39	1.95	1.58	1.84	1.49	2.52	0.64	0.54	1.70	1.70	0.62	0.90
高新技术主营业务收入（亿元）	2010	7020	16170	3324	662	2577	1257	906.1	20952	383.8	76.70	507.8	2104.9	266	160.10
	2016	7010	30708	5885	3588	4466	4212	3661	37765	2078	163	4896	5994	1008	462

续表

项目	年份	上海	江苏	浙江	安徽	福建	湖北	湖南	广东	广西	海南	重庆	四川	贵州	云南
R&D人员数（人）	2010	134952	315831	223484	64169	76737	97924	72637	344692	33987	4893	37078	83800	15087	22552
	2016	183932	543438	376553	135829	132155	136608	119345	515649	39903	7840	68055	124614	24124	41116
专利申请授权数（项）	2010	48215	138382	114643	16012	18063	17362	13873	119343	3647	714	12080	32212	3086	3823
	2016	64230	231033	221456	60983	67142	41822	34050	259032	14858	1939	42738	62445	10425	12032
技术合同成交金额（亿元）	2010	431.44	249.34	60.35	46.15	35.66	90.72	40.09	235.89	4.14	3.27	79.44	431.44	249.34	60.35
	2016	780.99	635.64	198.37	217.37	43.22	903.84	105.63	758.17	33.99	3.44	147.19	780.99	635.64	198.37
实际利用外资占GDP比重（%）	2010	4.39	4.66	3.23	2.75	2.67	1.72	2.19	3.09	0.65	4.99	5.44	2.76	0.5	17.73
	2016	4.36	2.11	2.47	4.02	1.89	2.06	2.71	1.92	0.32	3.63	4.25	1.72	1.81	3.40
对外贸易依存度（%）	2010	146.74	76.77	62.44	13.41	50.4	11.09	6.24	116.46	12.66	28.6	10.71	12.99	4.67	12.69
	2016	101.72	43.44	47.00	12.03	35.91	7.96	5.52	78.04	17.21	18.49	23.33	9.90	3.19	8.91
对外承包工程营业额占GDP比重（%）	2010	0.03	0.85	0.71	1.06	0.11	1.39	0.68	1.21	0.4	0.03	0.38	1.57	0.32	0.93
	2016	1.57	0.78	0.96	0.84	0.22	1.06	0.84	1.49	0.31	0	0.50	1.41	0.55	1.16
国际旅游（外汇）收入占GDP比重（%）	2010	2.52	0.79	0.97	0.39	1.38	0.32	0.39	1.84	0.58	1.07	0.61	0.14	0.19	1.25
	2016	1.51	0.33	0.44	0.69	1.53	0.38	0.21	1.53	0.78	0.57	0.63	0.32	0.14	1.38
万元GDP能耗（吨标准煤）	2010	1.40	1.36	1.39	1.03	1.28	0.85	0.85	1.51	0.97	1.24	0.89	0.78	0.44	0.70
	2016	2.41	2.49	2.42	1.92	2.33	2.34	2.09	2.63	3.87	2.02	2.14	1.97	1.25	1.99
废水排放强度	2010	0.47	0.16	0.13	0.17	0.12	0.17	0.17	0.25	0.06	0.36	0.18	0.18	0.33	0.23
	2016	0.77	0.29	0.22	0.34	0.23	0.35	0.33	0.43	0.11	0.70	0.39	0.35	0.83	0.48
耕地面积（千公顷）	2010	188.23	4595.52	1983.66	5894.88	1338.33	5312.28	4137.48	2569.36	4424.69	729.91	2442.86	6720.1	4566.21	6240.07
	2016	191	4571	1975	5868	1336	5245	4149	2608	4395	723	2382	6733	4530	6208

续表

项目	年份	上海	江苏	浙江	安徽	福建	湖北	湖南	广东	广西	海南	重庆	四川	贵州	云南
森林面积（万公顷）	2010	5.97	107.51	584.42	360.07	766.65	578.82	948.17	873.98	1252.5	176.26	286.92	1659.52	556.92	1817.73
	2016	6.81	162.1	601.36	380.42	801.27	713.86	1011.94	906.13	1342.7	187.77	316.44	1703.74	653.35	1914.19
工业固体废物综合利用率（%）	2010	0.97	0.97	0.94	0.86	0.83	0.81	0.83	0.91	0.68	0.84	0.82	0.55	0.51	0.51
	2016	0.96	0.92	0.93	0.86	0.69	0.58	0.75	0.87	0.65	0.64	0.79	0.39	0.58	0.51
工业废气排放强度	2010	1.32	1.33	1.36	0.69	1.09	1.15	1.09	1.91	0.66	1.52	0.72	0.85	0.45	0.66
	2016	5.98	2.66	3.86	1.49	2.84	2.33	2.08	3.71	1.62	2.76	2.00	1.84	0.65	0.82
居民消费水平（元）	2010	32271	14035	18097	8237	12871	8977	8922	17218	7732	7553	9723	8182	5879	6724
	2016	49617	35875	30743	15466	23355	19391	17490	28495	15013	18431	21032	16013	14666	14534
城乡居民人均可支配收入比	2010	2.28	2.52	2.42	2.99	2.93	2.75	2.95	3.03	3.76	2.95	3.32	3.04	4.07	4.06
	2016	2.26	2.28	2.07	2.49	2.40	2.31	2.62	2.60	2.73	2.40	2.56	2.53	3.31	3.17
一般公共预算支出中教育支出所占比重（%）	2010	0.13	0.18	0.19	0.15	0.19	0.15	0.15	0.17	0.18	0.17	0.14	0.13	0.18	0.16
	2016	0.12	0.18	0.19	0.16	0.18	0.16	0.16	0.17	0.19	0.16	0.14	0.16	0.20	0.17
每千人卫生技术人员数（人）	2010	9.71	4.4	6.08	3.1	4.05	4.16	3.81	5.34	3.56	4.41	3.36	3.62	2.48	3.16
	2016	7.36	6.46	7.74	4.74	5.67	6.53	5.75	6.05	5.99	6.27	5.88	6.00	5.76	5.23
城镇登记失业率（%）	2010	0.23	0.32	0.31	0.27	0.27	0.24	0.24	0.40	0.27	0.33	0.26	0.24	0.27	0.24
	2016	0.25	0.33	0.35	0.31	0.26	0.41	0.24	0.40	0.34	0.42	0.27	0.24	0.31	0.28

附表 3　江西省高质量发展评价体系原始数据（2010～2016 年）

项目　　　　年份	2010	2011	2012	2013	2014	2015	2016
人均 GDP（亿元）	21253	26150	28800	31930	34674	36724	40106
全社会固定资产投资（亿元）	6859.34	8403.93	10378.37	12434.95	14646.31	16993.9	19378.69
工业增加值（亿元）	4286.76	5411.86	5828.20	6434.41	6848.63	6918.00	7219.11
人均用电量（度）	1569.84	1860.56	1926.47	2094.38	2242.37	2381.38	2574.98
社会消费品零售总额（亿元）	2956.25	3560.50	4123.30	4696.11	5292.63	5925.50	6634.60
服务业增加值占 GDP 比重（%）	33.00	33.50	34.64	35.10	36.80	39.10	41.97
制造业投资占固定资产投资比重（%）	52.30	53.00	51.70	52.80	49.40	47.70	47.40
产业结构与就业结构偏离度	1.5233	1.5244	1.4119	1.3628	1.2875	1.2370	1.2173
税收收入占一般预算收入比重（%）	0.7520	0.7377	0.7129	0.7271	0.7339	0.7005	0.6838
城镇化率（%）	44.32	45.70	47.50	48.90	50.20	51.60	53.10
居民消费支出占 GDP 比重（%）	0.4612	0.4068	0.3527	0.3155	0.3205	0.3386	0.3291
R&D 经费支出占 GDP 比重（%）	0.92	0.83	0.88	0.94	0.97	1.04	1.13
高新技术主营业务收入（亿元）	74483	87527	102284	116049	127368	139969	153796
R&D 人员数（人）	34823	37517	38152	43512	43469	46548	50620
专利申请授权数（项）	4349	5550	7985	9970	13831	24161	31472
技术合同成交金额（亿元）	23.05	34.19	39.78	43.06	50.76	64.85	79.01
实际利用外资占 GDP 比重（%）	0.0365	0.0334	0.0295	0.0293	0.0295	0.0315	0.0340
对外贸易依存度（%）	15.4792	17.4210	16.2843	15.8534	16.7000	15.7174	14.2627
对外承包工程营业额占 GDP 比重（%）	0.0097	0.0080	0.0082	0.0087	0.0111	0.0131	0.0142

续表

年份 项目	2010	2011	2012	2013	2014	2015	2016
对外直接投资额（亿元）	14.41	18.15	23.07	10.00	40.37	65.43	82.39
国际旅游（外汇）收入占 GDP 比重（%）	0.0025	0.0023	0.0024	0.0023	0.0022	0.0021	0.0021
万元 GDP 能耗（吨标准煤）	1.3228	1.5337	1.6305	1.6920	1.7452	1.8382	2.0833
废水排放强度	0.1310	0.1653	0.1919	0.2125	0.2438	0.2203	0.2163
耕地面积（千公顷）	3085.0	3085.3	3083.5	3087.3	3085.4	3082.7	3082.2
森林面积（万公顷）	973.6	973.6	973.6	1001.8	1001.8	1001.8	1001.8
工业固体废物综合利用率（%）	0.4655	0.5544	0.5453	0.5583	0.5656	0.5708	0.3876
工业废气排放强度	0.9633	0.7268	0.8741	0.9253	1.0065	0.9806	1.2201
居民消费水平（元）	7972	9523	10573	11910	12000	14489	16040
城乡居民人均可支配收入比	2.6744	2.5386	2.5372	2.4337	2.4029	2.3790	2.3623
一般公共预算支出中教育支出所占比重（%）	0.1547	0.1872	0.2060	0.1915	0.1833	0.1798	0.1838
每千人卫生技术人员数（人）	3.37	3.49	3.99	3.94	4.43	4.60	4.81
城镇登记失业率（%）	0.3021	0.3125	0.3333	0.3155	0.3058	0.2985	0.2985

推进江西经济高质量跨越式发展必须把握的几个重点

我国经济由高速增长阶段转向高质量发展阶段，这是以习近平同志为核心的党中央对新时代中国经济历史方位和基本特征作出的重大判断。2018 年 7 月，江西省委十四届六次全会在研判世情、国情、省情的基础上，提出把推进高质量、跨越式发展作为新时代江西的首要战略，是从更高层次贯彻落实习近平总书记对江西工作重要要求的战略之举，也是做好当前和今后江西发展改革工作的出发点。这对江西适应社会主要矛盾变化，保持经济持续健康发展，建设富裕美丽幸福现代化江西，具有重大的现实意义。

一、把握江西经济高质量、跨越式发展的"阵痛点"

近年来，江西扎实推进稳增长、促改革、调结构、优生态、惠民生、防风险等各项工作，经济发展各项指标运行平稳，呈现"两稳两优"的良好态势，即经济增长速度平稳、产业结构稳步升级，供给端持续优化、脱贫攻坚成效显优。但对标高质量、跨越式发展的要求，仍存在以下三个突出问题：

（一）结构不合理和结构低质化问题较为突出

从三产结构来看，2017 年，江西服务业增加值占 GDP 比重较全国平均水平低 8.9 个百分点，在中部六省中位列倒数第一。从三大产业来看，农业产业结构、产品结构、区域结构不合理，使得江西农业大而不强；高耗能行业在工业产业中比重偏高，2017 年，全省高新技术产业增加值及战略性新兴产业增加值占规模以上工业比重均低于湖北、湖南、安徽；以信息传输、软件、信息技术服务等为代表的高技术服务业和以租赁、商务服务等为代表的营利性服务业占比仅为 24.5%。

（二）制约发展的体制机制障碍仍然存在

江西资本市场存在证券化率较低、流动性偏弱、上市公司数量少且质量不高、区域股权市场建设滞后等金融抑制现象。市场准入和市场监管制度仍不完善，不同地区、行业、所有制之间的市场壁垒依然存在。行政审批环节多、办事效率低等问题未得到有效改善，部分项目审批周期较长，前期工作推进慢。另外，企业生产经营成本偏高，全省每百元主营业务收入成本高出全国平均水平，惠企政策还需进一步落地见效。

（三）创新能力较弱、创新驱动不足

目前，江西科技进步贡献率（57%）低于全国平均水平，综合科技创新指数全国排名第二十，中部地区排名第五。同时，科技投入强度较低，研发创新基础能力弱，2017 年，全省 R&D 经费支出 250.1 亿元，占 GDP 比重为 1.2%，低于全国 2.15% 的平均水平；全省共有 4 家国家重点实验室、8 家国家工程技术研究中心，仅占全国总量的 1%，低于湖北、湖南、安徽和河南。

二、把握推进江西经济高质量、跨越式发展的"着力点"

当前，江西正处在大有可为的机遇期，也处在转型升级的阵痛期，既需要缩小与周边省份的总量差距，又需要解决自身发展的深层次矛盾，推动经济高质量、跨越式发展，必须在动能转换、质量提升、效率变革、思想转型、美丽山水上下功夫。

（一）以动能转换为契机，着力抓住创新引领"牛鼻子"

在世界经济进入深度调整与新一轮科技革命集聚迸发相叠加的背景下，新旧动能转换成为我国构建现代化经济体系的首要战略选择。面对新旧动能转换的重要关口，江西要深入实施创新驱动发展战略，加快创新型省份建设步伐。一手抓"重创"，持续完善创新驱动发展政策体系，整合优势创新资源，提升现有存量，扩张优质增量，优化区域创新格局，提高研发投入水平，促进创新链与产业链有效对接，以关键核心技术突破引领产业创新。一手抓"众创"，强化创新源头供给，主动融入国际国内创业创新大局，广泛吸收有效资源，汇聚"双创"人才，构建区域创新创业服务体系，进一步丰富"双创"园区种类，高水平建设一批"双创"示范基地，形成良好的创新创业生态环境。

（二）以质量提升为目的，着力打好产业升级"主动仗"

随着消费成为江西经济增长的重要推动力，社会对质量的要求愈加强烈。在新产业模式、新消费模式不断涌现与市场环境日趋收紧的双重压力下，加快推动产业升级、提高产品质量成为企业发展的首要任务。一方面，加快转变观念，推动企业承担质量提升的主体责任，大力弘扬工匠精神，厚植企业质量文化，把产业发展重心转到提高产品质量上来，让"质量第一"成为社会共识。另一方面，大力培育新产业、新动能、新增长极，挖掘高质量发展潜力，顺应产业智慧化、智慧产业化、跨界融合化、品牌高端化的产业升级大势，立足江西资源禀赋和基础条件，发展新制造经济、新服务经济、智慧经济、绿色经济、分享经济，提高产业竞争力。

（三）以效率变革为核心，着力激发开放发展"新活力"

"一带一路"宏大倡议不断推动开放向更深、更广的领域推进，陆海联动、东西互补的开放格局正在加速形成。站在建设内陆开放高地的关键节点上，要紧跟开放大势，推动双向开放升级，主动融入周边发达地区开放辐射圈，积极对接"一带一路"建设，拓展开放格局，提升口岸开放功能，打造能够参与国际物流和全球供应体系的开放平台，发展枢纽经济。同时，加快引进培育开放主体，争取更多世界500强、央企和国内知名企业在我省投资设点，放宽企业市场准入，打破民营经济面临的"玻璃门""旋转门"，鼓励民间资本进入垄断领域，完善退出机制，让高效要素进得来，低效要素退得出。

（四）以思想转型为基础，着力铸就营商环境"聚宝盆"

区域发展的速度和质量，不仅决定于区域位置、发展环境和资源禀赋，更决定于政府开明和思想的解放。江西不靠海、不沿边，唯有坚持转变思维，加快政府职能转变、建设服务型政府，营造更优营商环境，才能在速度和质量上与发达省份竞争。要对标先进地区，继续做好简政放权的"减法"，落实江西优化发展环境三年行动方案，提高减税降费各项政策执行效率，推进优化发展环境政策措施具体化、责任化、目标化，打造"四最"营商环境；做好政府信用的"加法"，加强政务诚信建设，确保政府诚信履约，杜绝"新官不理旧事"等情况；做好优化服务的"乘法"，推动政务服务标准化，构建全省统一的政务服务平台，完善营商环境评价和政府服务评价机制。

（五）以美丽山水为特色，着力种好生态文明"试验田"

绿水青山是江西最宝贵的财富、最具竞争力的品牌、最具特色的优势，也是推进高质量、跨越式发展必须处理好的最大辩证法。面对国家生态文明试验区建设的历史机遇，要扎实推进"绿色江西"制度创新，在资源利用与环境保护、生态产品价值实现机制、生态文明评价考核制度等方面探索可供全国复制和推广的生态文明建设"江西模式"。持续做好治山理水、显山露水的文章，打好污染防治攻坚战，守住生态保护红线，推进全流域整治，突出抓好长江大保护，全力以赴净空净水净土，深入城乡开展环境综合治理。在产业选择上，更加侧重以科技含量高、环境污染低为特征的新兴产业，在产业布局上，尽可能引导资源要素向园区集中，让江西天更蓝、山更绿、水更清。

三、把握推进江西经济高质量、跨越式发展的"发力点"

（一）推动产业数字化转型，抢占新一轮科技与产业革命制高点

前瞻布局一批引领科技革命潮流的数字经济相关产业，积极培育数字经济发展新动能，把数字经济产业打造成为江西经济质量提升的领跑者。一要加快全省数字经济产业布局。加快推进第五代移动通信技术（5G）规模试验及商用，加快推进互联网协议第六版（IPv6）规模部署和应用，强化高速光纤宽带网和窄带物联网建设，深入实施大数据、新一代人工智能、集成电路、智能制造等产业专项，推动数字产业化和产业数字化。二要深化"互联网＋先进制造业"。大力发

展工业互联网新路径，在电子信息与新型光电、航空、新能源汽车及锂电等新兴产业领域和汽车及零部件、有色金属、石油化工等传统制造业，开展数字技术与制造业融合创新标准化试点示范。三要加快打造虚拟现实（含增强现实和混合现实）新高地。以南昌 VR 产业园及 AR 硬件产业园为载体，重点发展 VR/AR 硬件、内容制作、跨界服务，引进、培育一批"瞪羚"企业和"独角兽"企业，建设一批 VR/AR 产业相关的数据中心、超算中心和应用分发平台，形成全产业链的产品和服务供应体系。

（二）提升科技创新平台发展水平，带动创新引擎成为高质量跨越式发展的第一动力

实施科创平台建设工程，加快鄱阳湖国家自主创新示范区、中国（南昌）中医药科创城建设，充分发挥科创大平台对质量提升的引领推动作用。一要提升科创平台综合能力。优化江西科技创新平台布局，巩固现有的国家级科技创新平台，培养一批国家级平台"后备队"，优化新增一批省级科技创新平台，有机结合基础型研究和应用型研究平台。二要加快科技成果转化。建立以企业主体和科技创新平台为主的共建共享体制，不断加大协作力度，加快促进科技供给端与需求端对接，提升成果转化水平，推进科技创新、实体经济发展、质量提升深度融合。三要完善中试基地规划、布局与建设。以江西在新材料、硅基 LED、中药制剂等领域的国家级中试基地主体为引领，推动组建以企业为主体的中试协作联合体，共同承担中试风险，分享中试成果，使中试基地发展进入良性循环。

（三）强化"生态 +"与"+ 生态"相结合，打通江西"绿水青山"向"金山银山"转化的通道

积极探索体现江西特色的生态产品价值实现机制，最大限度释放江西生态红利，为建设国家生态文明试验区、打造"美丽中国"江西样板提供重要支撑。一要构建绿色生态产业体系。大力发展山上经济、水

中经济、林下经济，加快发展循环高效型、低碳清洁型、环境治理型产业，打造资源利用率高、环境污染小的产业体系，引导、督促园区和企业实施低碳化、循环化改造。二要用活用好林地经营权。在依法流转林地的前提下，积极探索一次性租赁、承租倒包、林地托管、林地股份合作等林地流转方式，灵活运用"＋生态"，进一步推出林木抵押贷款、小额贴息贷款、林权反担保贷款等多种信贷品种，让"沉睡"的森林资源变成可以抵押变现的"活资产"。三要积极发展"生态游"。坚持"生态＋"理念，加快推进江西18个国家级全域旅游示范区建设，积极培育中医药养生保健、温泉理疗、竹林疗养、森林体验、候鸟观赏等新型"生态游"业态，探索户外健身运动、特色健康管理等新模式。

（四）发挥省内企业主体作用，激发企业质量提升内生动力

引导企业积极主动适应市场需求变化，有效增强企业经济活力，为全省高质量、跨越式发展注入新的动力。一要加快推进省属国有企业高质量发展行动。积极引进行业龙头、领军企业、有实力的战略投资者，参与省属国有企业混合所有制改革，优化企业产权结构，有效激发各类所有制资本的活力。对接江西"映山红行动"计划，遴选一批主营业务突出、竞争能力强、发展前景好的优质企业，加快推动改制上市。二要解决民营企业融资难、融资贵问题。改革和完善金融机构监管考核和内部激励机制，把银行业绩考核同支持民营经济发展挂钩，解决不敢贷、不愿贷问题。同时，扩大金融市场准入，拓宽民营企业融资途径，发挥小额贷款公司、风险投资、股权和债券等融资渠道作用。三要推动省内小微企业快速发展。对小微企业、科技型初创企业实施普惠性税收免除，加大个转企、小升规、规改股、股上市力度，加快中小微企业"专精特新"发展，培育一批积极开拓国际市场的"品质赣货"出口领军企业和国内细分市场的"隐形冠军"。

（五）建设服务型政府，营造江西"四最"营商环境

全面推进"五型"政府建设，推动执政理念、职责边界、权力配置、管理模式、行政方式等全方位转变转型，提升政府服务效能。一要继续深化"放管服"改革。深化企业投资项目改革，推进项目审批简化、优化、标准化，提高企业投资项目审批服务效率。全面提升商事登记便利化规范化水平，优化商事登记流程，进一步降低市场准入门槛和制度性交易成本。二要推动政务服务方式数字化变革。整合优化权力运行信息流，强化"互联网＋政务服务"应用，加大"只进一扇门""一次不跑""最多跑一次"改革力度，加快构建各类部门专业数据仓，推动政务数据整合和共享，构建"一体联动、一网通办"的线上线下政务服务体系，实现政务服务网全覆盖、全贯通。三要持续构建"亲""清"新型政商关系。建立和完善多样化政企沟通机制，推行重点工程项目企业"订单式"服务。有效降低企业生产经营成本，在全力打造政策最优、成本最低、服务最好、办事最快的"四最"发展环境中，树立江西"五型"政府新形象。

（六）构建高质量、跨越式发展监测评价指标体系，用好监测考核这一"指挥棒"

结合江西实际，围绕经济发展、改革开放、城乡一体、文化建设、生态环境、人民生活等方面构建《江西高质量、跨越式发展监测评价指标体系与实施办法》和《江西各设区市高质量、跨越式发展年度考核指标与实施办法》，用于监测评价全省及各设区市高质量、跨越式发展水平和总体情况。一要聚焦"六大突破、三大提升"。围绕"六大突破、三大突破"设计总体框架，凸显省情特点、明确重点任务、清晰职责分工，促进省委省政府重大决策部署落地见效。二要聚焦发展新要求。着重体现高质量、跨越式发展的新任务、新要求、新动能，围绕建设现代产业体系、三大攻坚战、乡村振兴等新任务选取指标，紧扣"从更高层次贯彻落实习近平总书记重要要求"选取指标，针对培育新

动能选取新经济相关指标。三要聚焦群众获得感。系统设置公共服务和民生保障类的各项指标，突出群众的获得感、幸福感、安全感，让江西高质量、跨越式发展看得见、摸得着。四要聚焦区域差异性。采取共性指标和个性指标相结合的方式，对设区市、县（市区）设置基本架构相同、指标有所区别、数量有所不等的指标体系，充分体现各地差异化特点和分类考核的要求。

推动江西经济高质量发展需把好
投资质量关

习近平总书记在党的十九大报告中指出，要深化投融资体制改革，发挥投资对优化供给结构的关键性作用。作为供需两侧发力的最佳结合点，投资不仅影响经济增速，更决定着经济发展质量。当前，江西吹响了向高质量、跨越式发展进军的"集结号"，然而对于欠发达的江西而言，在做大经济总量的同时，更需要确立高质量的投资导向，优化投资结构，提高投资质量和效益，以走好经济高质量、跨越式发展之路。

一、江西投资面临的发展态势

中国特色社会主义进入新时代，我国经济进入转变发展方式、优化经济结构、转换增长动力的攻关期，拉动经济增长的直接动力——投资也由重"量"向重"质"转变。2017 年，国内资本形成总额对 GDP 的贡献率降至 32.1%，比上年降低 12.1 个百分点，为改革开放以来最低水平，而最终消费率则上升至 58.8%。2017 年上半年至 2018 年上半年，固定资产投资增速从 8.6% 降至 6.0%，增速明显放缓。2014～2018 年上半年，制造业投资增速持续上升，高技术制造业占制造业投资比重从 10.6% 提高至 17%，对制造业投资增长贡献率提高至 30.9%，投资结构不断优化。可以预见，创新驱动带来的新供给和消费扩张带来的新需求将成为未来国内经济增长的重要动力，投资不仅是从量上拉动经济增长，还将在调整供给结构、推动经济高质量发展方面发挥主力军作用。

对于发展不充分与发展质量不高并存的江西而言，既处在大有可为的机遇期，又处在转型升级的阵痛期，既需要缩小与周边省份的总量差距，又需要解决自身发展的深层次矛盾，持续扩大内需、优化经济结构、提升发展质量仍需发挥投资的关键作用。在国内固定资产投资降速的外部影响下，加大投资力度、保持投资增速、提升投资质量仍然是江西当前实现经济发展的首要选择和不可逾越的阶段。从投资增速来看，江西经济发展以投资拉动为主。近五年来江西固定资产投资年均增速达到17%，社会消费品零售总额年均增速为12.6%，而由于江西地处中部内陆省份的区位特点以及产业结构方面的原因，外贸出口年均增长仅为7%，"三驾马车"中固定资产投资增长最快。从投资结构来看，第二产业占据主导。2018年上半年，三次产业投资结构由上年同期的2.4∶52.5∶45.1调整为2.8∶51.7∶45.5，第三产业占比提高0.4个百分点。

二、江西提升投资质量需要解决四大突出问题

（一）民间投资增长乏力

2018年上半年，尽管江西工业企业生产经营景气指数和企业家信心指数创2012年三季度以来新高，但受项目回报率与融资成本之间"剪刀差"扩大、房地产调控力度加强等不利因素影响，民间投资仅增

长 9.9%，较 2017 年全年、2018 年一季度分别回落 3.1 个和 1.1 个百分点，远超固定资产投资下滑幅度（1 个百分点）。对比而言，在一系列鼓励和促进民间投资政策措施的带动下，全国多地上半年民间投资增速已经出现大幅回升，安徽、浙江、广西、湖北、四川、江苏等省份民间投资增速均在 10% 以上，陕西、福建、湖南等地增速则保持在 20% 以上。

（二）新兴产业增速放缓

随着供给侧结构性改革的深入推进，新兴产业投资正在成为新的投资增长点，推动固定资产投资增速温和反弹。尽管我省新动能投资加快推进，但新兴产业支撑作用不够强劲，新兴产业投资推动转型升级效果不够明显。2018 年 1~5 月，汽车、医药、电子信息行业增加值增速分别较上年全年回落 12.6 个、7.9 个、3.9 个百分点，其中江铃集团利润下降幅度达到 39.5%。由于新兴产业普遍存在创新投入高、研发周期长、成果转化慢的特点，部分开始涉足新兴产业的传统企业短时间难以形成经济效益，行业融资存在"瓶颈"，企业增速放缓将对投资增长造成一定压力。

（三）新增拟建投资项目转化率低

根据国家发改委发布的全国固定资产投资发展趋势监测报告，2018 年上半年，江西新增意向投资项目数量同比增速位列全国第九位，但新增拟建项目数量转化率低于 20%，落后于湖南、湖北、浙江、安徽等 20 多个省份。企业投资江西意愿高，但项目落地慢，原因在于审批耗时长、中间环节烦琐等问题没有得到根本性解决。以房屋建筑工程项目为例，平均开工前审批时间达到 200 个工作日左右，而浙江已经将开工前审批时间压缩至 100 个工作日，河南则压缩至 60 个工作日以内，部分项目甚至达到 30 个工作日，河南自贸区更是通过企业投资项目承诺制试点，将时间压缩至 8 个工作日。

（四）多元化融资支持不足

长期以来，以银行为代表的间接融资占据金融体系主导地位，多层次资本市场发展不充分，小型机构数量不足，导致中小微企业融资难、融资贵，具体表现为直接融资比例偏低。2018年上半年，虽然江西社会融资规模增量达到2896.7亿元，排名全国第十一位，但直接融资仅占5.3%。另外，截至2017年末，江西备案的创业投资企业总资产49.61亿元，累计投资案例102个，均未达到全国总量1%的水平，创业投资企业偏少。同时，中小企业信用体系建设滞后，信息部门间交换共享机制不完善，信用记录覆盖面不广等问题也亟待破解。

三、以投资质量提升带动江西高质量
发展的对策建议

当前，国内经济发展不确定性因素增多，特别是受到美国造成的世界贸易格局调整和国内经济结构性矛盾的双重制约，企业投资的积极性受到影响。在此形势下，推动江西经济高质量发展，必须坚持以提高投资质量为重点，保持固定资产投资增速，更好地发挥政府投资的撬动作用，更加注重投资效益的提升。

（一）坚持三个导向，实现定位转变、速度转变和动力转变

一要坚持政策导向，实现投资定位转变。积极适应新发展、新形势、新常态下的要求，加强不同部门间的政策协调性，围绕推动我省经济高质量发展，逐步把固定资产投资的重心由"稳增长"转变到"优结构、惠民生"上来。二要坚持问题导向，实现投资速度转变。对存在问题的投资项目进行系统梳理，重点解决新开工项目不足、转化率偏

低和招商引资降速的问题，采取提前谋划、实地督察、及时跟进督办等多种方式，扎实提高固定资产投资推进速度。三要坚持竞争导向，实现投资动力转变。深入推进"放管服"改革，进一步放宽准入，打破垄断、引进竞争，凡是市场可以提供的，政府不再做供应商，而是把精力投入到规则制定、项目监管和跟踪服务上，把投资动力还给市场。

（二）瞄准八大领域，抓好稳健投资、潜力投资、创新投资和绿色投资

一要提高基础设施和服务经济领域的稳健投资。加大交通设施、园区配套设施、公共服务设施投资力度。围绕服务消费提质扩容，推出一批大旅游、大健康产业项目，在金融、商贸、物流等行业布局一批现代服务业项目。二要深挖产业"短板"和关键技术领域的潜力投资。按照供给侧结构性改革要求，强化产业链缺失环节，尤其是制造业精细化、高端化升级环节的项目投资。鼓励产业发展关键技术投资，在技术改造贴息资金、研发费用加计扣除等资金政策上予以优先安排。三要促进"硬科技"和军民融合领域的创新投资。瞄准"硬科技"这个制约科技创新的最大"短板"，通过市场化运作，引导省内大型企业和金融机构在"硬科技"领域开展投资。发挥省军民融合产业发展引导资金作用，谋划一批大规模、大体量的军民融合制造业项目。四要布局智慧环保和生态治理领域的绿色投资。依托赣江新区绿色金融改革创新实验区建设，完善绿色投资项目担保机制，加大智能物联网监测、环境大数据、污染源预警等智慧环保项目投资。建立公共物品绿色服务收费机制，支持水、土、气等生态治理项目通过 PPP 模式扩大投资规模。

（三）突出五项抓手，提升投资活力、投资信心、投资效率、投资规模和投资环境

一要推动民间投资结构升级。发挥各类产业扶持资金的作用，引导民间投资向航空、电子信息、中医药、新能源、新材料、数字经济等新兴产业领域倾斜。围绕全面提升公共服务供给，在教育、文化、体育、医疗、养老等领域推出一批有吸引力的 PPP 项目。二要补足中小微企业融资体系"短板"。加快引进一批中小型金融机构，特别是台资、港资、美资机构，在对新设立并正式开业的台资银行由省财政给予一次性奖励的基础上，将港资、美资等发达地区的金融机构纳入奖励范围。加强中小企业信用建设，以信用培育和融资对接为目标，建立信用数据部门共享机制，组建中小企业信用信息数据库，提高金融服务能力和中小企业融资可得性。三要加快投资项目审批制度改革步伐。加快推进以"联合评价、联合测绘、联合图审、联合踏勘、联合验收"为主的审批服务制度改革，优化审批流程，精简办理环节，缩短审批时间。总结赣江新区和赣南苏区投资项目承诺制改革经验，有序铺开试点范围。四要强化重大项目谋划储备。强化"项目为王"的意识，紧盯国家重大战略和投资导向，结合江西区域发展定位，抓紧谋划一批 10 亿元、50 亿元以上投资回报机制明确、商业潜力大的重大项目，确保全省重大项目总规模不断提高。五要优化安商稳商扶商营商服务。推动"一门式"服务、"一窗式"办理、"一章式"改革全省覆盖，为优化营商环境出台"硬措施"，细化"软服务"，全力打造"四最"营商环境，为企业带来实实在在的获得感。

促进形成强大国内市场机遇下如何更好发挥投资关键作用

中央经济工作会议提出要促进形成强大国内市场，这既是 2019 年的重点任务，也是重要发展机遇。特别是对面临稳增长与提质量的双重压力、转动能与调结构的双重挑战的江西来说，如何破除"短板"、更好发挥投资对优化供给的关键性作用，全方位抓住强大国内市场形成战略机遇、提升消费对经济发展的基础性作用，对于挖掘内需潜力、推进高质量跨越式发展首要战略，实现总量质量双提升、速度效益相协调，建设具有江西特色的现代化经济体系意义重大。

一、促进形成强大国内市场战略对江西投资提出新要求

（一）投资方向须符合国内市场升级方向

随着我国渐渐进入中等偏高收入国家行列，居民消费需求由传统的追求数量满足逐渐转向注重品质提升。国内市场需求结构正加速从生存型、传统型、物质型消费阶段向发展型、服务型、现代型消费转变，这必将倒逼投资方向相应转变。

（二）投资重点将向三大重点领域倾斜

一是适应经济发展方式转变需要领域，投资重点领域将由要素粗放领域向创新驱动领域转变、由技术引进领域向自主创新领域转变、由高碳领域向低碳领域转变、由资源消耗领域向环境友好领域转变；二是适应供给侧结构性改革需要领域，传统产业优化升级、先进制造业、互联网、大数据、人工智能等投资力度将不断扩大，以投资质量提升推动我国产业迈向全球价值链中高端成为必然；三是适应新旧动能转换需要领域，旧动能在弱化、新动能在加快成长，投资须以更高质量和效益面向《中国制造2025》、"互联网＋"、新产品、新服务等新动能领域。

（三）投资模式须适应人民消费需要、更有利于经济高质量发展

一方面，我国经济增长已实现由主要依靠投资、出口拉动转向依靠消费、投资、出口协调拉动的重大结构性变革，国内需求市场成为拉动经济增长主要动力，这要求投资须更加适应人民消费需要。另一方面，江西面临稳增长与提质量的双重压力，投资既要坚持质量第一、效益优先，着力推进经济发展质量变革，又要坚持发展第一要务，着力挖掘内需潜力，这要求投资不再是"大水漫灌"式，而应更有利于推动经济高质量发展。

二、促进形成强大国内市场部署下江西投资关键作用发挥存在的主要"短板"

（一）中高端产品投资难以满足市场需求

当前全球正爆发着新一轮科技革命，新一代信息、人工智能（AI）

等技术突破和应用加速国内市场升级，按摩椅、扫地机器人、智能手机、智能电视等中高端智能电器产品市场需求增长速度空前，和周边省份相比，江西这类产品投资难以跟上，新兴技术、先进工艺改造、高端制造等投资存量与增量都有一定差距。2018 年，江西工业技改投资居中部倒数第三位，仅占湖南的 44%、湖北的 62%、河南的 65%，在全省工业投资中的占比比湖南、湖北、河南分别约低 30 个、13 个、2.6 个百分点；高新技术产业投资增长 33.5%、比湖南低 17.6 个百分点；新能源汽车投资增长 25.2%、比湖北低 52.6 个百分点。

（二）"缺供给、缺品牌、缺标准"矛盾明显

一是市场需求旺盛的终端消费品和高端制成品供给能力短缺，供给缺口只能通过网络购买等形式补齐，《2018 中国新品消费趋势报告》显示，江西是全国新品消费热度最高的五个省份之一。二是能满足市场需求的优势产品品牌不多，2018 年，江西地理标志产品仅有赣南脐橙、庐山云雾茶、赣南茶油、余干辣椒四个品牌入选全国区域品牌百强榜，其中，仅赣南脐橙进入前十强、位列第九，其他三个品牌排名靠后，分别位列第 53、第 55、第 90 名。三是服务消费市场缺乏高质量标准，重点包括旅游休闲、健康管理、家政服务等市场领域。以旅游休闲为例，2018 年江西委托第三方机构对 50 家高 A 级景区暗访评估发现，48% 的景区旅游交通不达标、35% 的景区存在购物服务管理不到位、40% 的景区游览服务设施还存在差距等问题。

（三）"互联网＋"供给侧融合投资滞后

"互联网＋"融合涵盖企业生产经营活动全过程，包括设计、研发、生产和流通各领域的融合渗透，其融合过程本身相对复杂，须依靠龙头引领、互联网催化、物流配套等加速。而江西"互联网＋"龙头企业缺乏、企业互联网应用广度深度不够，2018 年，无一家企业进入全国互联网企业 100 强、物流 50 强、仓储 100 强。与全国和中部其他省份相比，江西以互联网为基础设施和创新要素的产业发展速度

略显滞后。以高新技术产业为例，2018 年，江西增加值同比增长 12.0%，比山西、湖南、安徽、湖北分别低 4.3 个、2 个、1.9 个、0.8 个百分点。

（四）重点服务领域市场投资质量不高

一是文化体育消费公共设施"硬件"不足、"软件"不优。"硬件"上，2018 年江西公共图书馆、文化馆数量分别位居中部倒数第一、二名，博物馆数量居中部后三位；"软件"上，2018 年江西图书、报纸、期刊总印数分别位居中部倒数第二、第二、第三名。二是旅游休闲消费热点城市、家庭旅游消费精品供给不足。旅游资源整体优势在全国处于前列，但没有城市进入 2018 年旅游目的地城市人均消费榜前 50 强。家庭旅游消费产品存在精品投资不足、成员需求无法兼顾、同质化严重等问题。三是医疗健康消费市场服务能力与质量欠佳。医疗机构服务接待能力不强，健康消费升级类产品质量难以保证，制约了医疗健康消费市场繁荣发展。江西每千人口卫生技术人员和医院卫生院床位数量均位列中部倒数第二名（以各省 2017 年常住人口算）；保健品类投诉高居不下，问题主要集中在质量、虚假宣传、售后服务领域。四是养老家政等社区服务市场供给数量不足、管理质量不高。养老健康家政等社区服务业市场起步相对较晚，服务机构供给偏少、指导管理机构偏多。2018 年，江西社区服务中心、社区服务站、社区养老床位数均位于中部倒数第一，仅分别为中部平均水平的 52.9%、49.3%、29.5%，社会服务机构、其他社区服务机构和设施数量位列中部倒数第二、第三，仅分别为中部平均水平的 75.3%、86%；但社区服务指导中心数量却达 42 家、位列中部第一，是中部平均水平的 1.5 倍、山西的 2.8 倍、湖北的 2.3 倍、河南的 1.8 倍、湖南的 1.2 倍。

三、促进形成强大国内市场机遇下江西投资建议

（一）抓住市场品质提升机遇，加大新技术、新业态投资，提升品牌影响力

现阶段国内市场需求逐步向品质消费升级即更加注重商品质量、更加注重品牌美誉、更加注重绿色环保。应重点做好三个方面。一是瞄准形成更高市场质量，加大新技术投资。加快构建现代产业技术体系，以技术创新推动产品创新，更好地满足智能化、个性化、时尚化市场需求。鼓励产业发展关键技术领域投资，在技术改造贴息资金、研发费用加计扣除等资金政策上予以优先安排。实施企业技术改造提升行动计划，引导企业加快产品转型升级，增加市场多样化的有效供给。二是瞄准形成更强市场品牌，强化质量品牌建设。对标国际一流，探索开展"江西品牌"提升工程，培育一批国家级名牌产品、优质产品以及中小企业名牌产品等能够展示"江西制造"和"江西服务"优质形象的龙头品牌与企业。加强知识产权保护法律法规建设，营造良好的创新环境。三是瞄准形成更好市场环保意识，扩大新业态投资。扩大对网络经济、高端制造、生物经济、创意经济等新兴业态投资，提升农业、工业和服务业数字化水平，促进生态优势向经济优势加速转化。依托绿色金融创新试验区赣江新区，加大智能物联网监测、环境大数据、污染源预警等智慧环保项目投资。

（二）抓住市场结构优化机遇，减少无效和低端投资，扩大有效和中高端投资

一是立足传统市场消费品需求下降趋势，做好无效和低端投资

"减法"。首先减量，把握国内市场需求由温饱型向全面小康型升级趋势，减少对低档食品、衣服、鞋子等产业投资力度，进一步去产能、去库存、去杠杆，为经济发展留出新空间。其次提质，推动纺织服装、食品加工等传统产业改造升级，推动低档、低端产品往高端化、智能化、多功能化、品牌化等符合国内市场升级方向发展，提升技术含量和附加价值；优化生产要素市场化改革和国有企业改革，通过市场竞争实现优胜劣汰、提质增效。二是立足国内市场向中高端升级趋势，做好有效和中高端投资"加法"。加大优质、绿色、安全、有机农产品投资，增加绿色优质粮食产品供给，满足老百姓"吃得好、吃得健康、吃得放心"市场需求。加大高档化、高端化等基础设施及制造业"短板"和关键技术领域投资，增加高端消费品市场供给。重点围绕5G商用、物联网、工业互联网等新型基础设施，城际交通、物流、市政、农村基础设施等"短板"，技术改造、设备更新等制造业高质量发展领域，健康养老、教育医疗等幸福产业领域，谋划一批大项目。

（三）抓住市场模式升级机遇，优化资本要素配置，推动投资跨界深度融合

一是围绕市场消费模式向"线上线下"升级，建立消费驱动型供应链。推进企业信息系统建设和供应链改造，加大对订单接受、研发设计、物流配送等环节整合创新企业支持力度。围绕区域主导产业和优势集群，大力发展电子商务平台、公共物流体系和专业市场。创新发展面向社区生活的线上线下融合服务、面向文化娱乐的数字创意内容和服务、面向便捷出行的交通旅游服务。二是围绕市场需求模式向个性化、定制化升级，推动投资跨产业跨界融合。利用"互联网＋"模式，优化配置大数据等信息技术资源，为传统制造业产业提供满足个性化、定制化市场信息，整合产业上中下游和市场资源，谋求跨界融合。重点引导文化、体育休闲、健康、旅游等服务市场深度融合，着力延伸产业链条，提供丰富、多层次的市场产品；推进现代服务业与制造业深度融合，大力发展现代物流、工业设计、人力资源服务等生产性服务业，推进第三方物流与制造业联动发展；加快互联网与机器人、商业零售、科教文卫、居民养老等产业跨界融合，打造满足消费升级的全渠道新模式；着力推进军民深度融合，加快推进省级军民融合创新示范区和产业基地建设。

（四）抓住市场容量扩大机遇，补齐民生和服务投资"短板"，实现更高水平供需平衡

一是聚焦形成强大城乡市场，推动农村公共投资"增量提质"。提高公共财政投向农村比例，缩小农村公共基础设施和服务与城镇差距，加大农村公共产品投资，推动公共服务补"短板"、强弱项、提质量。扩大农村教育、医疗卫生、文化娱乐等发展享受型服务消费投资力度，完善农村休闲活动中心、互联网电商平台等平台建设。二是聚焦形成强大服务市场，加大服务业投资。围绕养老家政健康、信息、旅游休闲、教育文化体育、社区服务等服务市场，推进一批服务升级重点项目建设，鼓励各类生态、文化主题酒店和特色化、中小型家庭旅馆及便利店、社区菜店等投资，在大南昌都市圈布局建设1~2个幸福产业示范区，形成一个更大规模、更多品种、更高质量和档次的需求市场。三是聚焦形成强大民生市场，加大民生领域投资。加大对宽带网络、智能物流、保障房、旅游休闲设施设备、博物馆、图书馆、体育场地、公益性养老机构等建设投入；研究制定江西基本公共服务标准化体系，深入实施公共服务基础设施三年攻坚行动计划。四是聚焦形成强大主体市场，强化民间投资引导。激发民营资本进入传统实物消费升级领域和文教体、医疗卫生、养老、家政、信息等服务消费市场积极性，强化已出台的130项政策执行落地，引导民间投资向航空、中医药、新型光电、装备制造、新能源、新材料、数字经济等新兴产业、高端制造业领域倾斜。

（五）抓住市场环境改善机遇，探索投资全过程监管，铸就高质量产品

一是深化"放管服"改革，提高"投资前"审批效率。进一步精简下放审批事项，推进联合图审、联合测绘、联合勘验、联合验收，进一步压减政府投资项目、企业投资项目的审批时间，加快实现从"管理者"向"服务者"的转变。二是推进"互联网＋政务服务"，强化"投资中"全方位监管。促进互联网与政务服务深度融合，加快推动政务信息资源共享和政务服务事项标准化编制，大力推进政务服务"一网通办"。建立政府投资项目全流程监督管理系统，提高质量在线监测、在线控制和产品全生命周期质量追溯能力。三是加大市场监管，健全"投资后"责任追溯机制。统筹协调纪检、监察、审计等部门监管职责，明确职责范围，建立全过程可追溯问责制度。对接零售、餐饮、住宿、居民服务等大众消费市场网络平台市场评价信息，强化信用信息与企业奖惩、融资优惠对接。健全产品追溯、召回制度，严厉打击侵犯知识产权、销售假冒伪劣商品、商业欺诈、不正当竞争等各类违法违规行为，营造安全、放心、便捷的市场环境。

国内部分省份推进高质量发展的
典型做法

一、浙江："亩均论英雄"吹响高质量发展集结号

为加快实现实体经济高质量发展，浙江以"一年大提升，三年走前列，五年成示范"作为"亩均论英雄"的改革目标，重点开展了五项工作。

（一）高起点打好供给侧结构性改革组合拳

浙江认真贯彻落实中央关于推进供给侧结构性改革的总体部署，加快供给侧结构性改革，制订了"二去一降一补"5 个专项行动方案，在诸暨市等 5 个地区开展改革试点，促进供给体系质量和效益的提升。浙江着力推动政府自身改革，把"最多跑一次"改革作为保持自身体制机制优势的重要举措，推动其成为浙江改革创新的一张新名片。"最多跑一次"改革自 2016 年 12 月正式启动以来，全省上下明确目标、细化方案，责任落实到人，充分发挥示范带动效应，推动改革深化。制定实

施了"最多跑一次"的工作规范，实行"一窗受理、集成服务"，推进事项一证办理，减少501项群众和企业办事所需证明材料，到2018年，100%的事项实现网上办理，63.6%的民生事项实现"一证通办"，百姓办事更加方便。同时，深化商事制度改革，常态化开办企业所需时间减少至4个工作日，大力推行"最多跑一次、最多100天"改革。到2018年底，浙江全省"最多跑一次"实现率达90.6%，满意率达96.5%，成为审批事项最少和服务质量最优的省份之一。另外，浙江深入推进经济社会各领域改革，高度重视深化"亩均论英雄"改革，不断加强顶层设计，全面动员部署，推动改革落地，使"亩均效益"成为浙江衡量经济发展质量的一把硬标尺。深化区域能评、环评改革，区块能耗、环境标准改革以及标准地改革，推动资源节约集约化发展，为实体经济营造良好的发展环境。

（二）高水准开展亩均效益评价

浙江"亩均论英雄"改革起步早、影响大，2006年绍兴县（现柯桥区）率先提出"亩产论英雄"理念，初步建立起亩均效益评价机制。随后，各地方纷纷开展亩均效益改革，2017年浙江全省用地5亩以上工业企业均实行了亩均效益综合评价以及资源要素差别化配置。亩均效益改革初期，浙江设置亩均税收、亩均销售等指标进行效益评价，逐步以亩均效益论英雄，引导各发展主体节约集约用地；后增加单位能耗增加值、单位排放增加值指标，促进企业进行节能降耗减排。2017年新增全员劳动生产率、R&D经费支出与主营业务收入之比两个指标，引导企业着重改善技术、管理、生产方式以及商业模式，亩均效益评价更加科学合理。在此基础上，浙江加快对产业和区域进行的综合评价，在全省设区市、县（市、区）、31个制造业行业、各级产业集聚区、经济技术开发区、高新区等产业园区以及制造类特色小镇均开展亩均效益综合评价。推动省、市、县、平台、企业五级亩均效益综合评价大数据平台的建设，收集整理全省综合评价数据，并按主题、部门、地区进行分类分级公开共享。

（三）高效率推进要素市场化配置

以"亩均效益"为核心，精准化配置为导向，加大差别化政策力度，推动要素市场化交易，促进资源加快向优势企业、优势区域集中。浙江按照利用效率高、要素供给多的原则，构建激励约束机制，根据市、县（市、区）亩均效益效益评价结果，进行年度用地、用能、排放等资源要素分配。不断推进企业降本减负，各县（市、区）政府依据企业亩均效益综合评价结果，把制造业企业分成 A、B、C、D 四类，对这四类企业按类别进行施策，提高对其精准服务水平，对 A、B 类企业进行正向激励，反向倒逼 C、D 类企业改造升级。2018 年前三季度，A、B 类企业城镇土地使用税各地共减免 24.8 亿元，新增 A、B 类企业用地 2.5 万亩，对这两类企业给予的财政奖励和补助达到 34.3 亿元，并在 A、B 类企业进行电力直接交易试点，企业用电成本降低 15.6 亿元。实行差别电价、水价以及排污费，促进企业进一步提档升级。同时，完善相关机制推进资源要素跨区域市场化交易。整合利用浙江政务服务网以及公共资源交易平台，打造公开透明、规则统一、服务高效、监督规范的要素交易平台，实现信息和资源共享，推动土地、用能、排污权等资源要素进行更大范围的市场化交易。

（四）高标准推动产业创新升级

强化创新作为引领发展和提升"亩均效益"的根本动力，将创新要素更多地分配到亩均效益高的市县、园区和产业，大力构建产业创新服务综合体、高新技术研发中心、制造业创新中心等创新平台。跨区域进行创新资源的整合，统筹配置创新人才、项目、成果等要素，促进要素区域高效流动，推动产业创新升级，构建起协同创新、有序高效的体系，提高全省产业自主创新能力。突出科技创新、知识产权、品牌创建和人才引育等因素在高新技术企业亩均效益综合评价的比重，激励企业创新发展。浙江深入实施创新驱动发展战略，大力发展优势产业和新兴产业，持续大力发展信息经济、智慧经济，推进大数据、云计算、智能制造等，随着数字技术与各产业的融合，新兴产业蓬勃发展，新动能不断累积增强。2018 年，以新产业、新业态、新模式为主要特征的"三新"经济增加值占 GDP 的 24.9%。全省创新创业热度持续升温，人才活力明显增强，初步形成以浙大系、阿里系、海归系、浙商系为代表的创新创业人才队伍。杭州围绕建设具有全球影响力的"互联网＋"创新创业中心，大力推进智慧产业化、产业智慧化，培育了云计算、大数据、物联网等优势产业，推动了人工智能等未来产业的快速崛起。

（五）高效能推广"提高亩均效益十法"

"提高亩均效益十法"，即腾笼换鸟法、机器换人法、空间换地法、电商换市法、品牌增值法、兼并提效法、管理增效法、循环利用法、设计赋值法、新品迭代法。浙江努力实施腾笼换鸟，加快淘汰落后产能，探索企业辅助业务市场化运作，降低生产经营成本，大幅提升亩均效益。将低效土地和厂房采用腾笼换鸟方式，招引高产出项目和企业，如浙江嘉善县名隆家具公司用地 219 亩，2011 年亩均税收 3.3 万元，通过"腾笼换鸟"新引进上市公司索菲亚家居，2017 年实现亩均税收 104 万元，"亩均效益"提高了 30 多倍。积极推进机器换人，降低对低素质劳动者的需求，进一步提高生产效率。继续实施空间换地，以"亩产论英雄"和土地使用税考核等政策，倒逼企业节约集约用地。大力推进电商换市，依托产业优势，推动渠道和品牌共同发展，进一步巩固老市场、开拓新市场。推行品牌增值法，大力实施"三名"工程，镀金品牌价值和核心竞争力的全面提升。开展兼并提效法，进行跨境、国内产业并购，深入实施凤凰行动，促进企业效益、政府税收的增加。实施管理增效法，通过创新管理机制促进集约化管理水平以及效益的提高。采用循环利用法，推动废品资源化利用，促进环境保护和企业成本降低。实施设计赋值法，进一步进行工业设计，促进产品价值和竞争力提升。采用新品迭代法，开展新产品研发，推进产品迭代升级，提高产品附加值和效益。

二、上海：打响"四大品牌"率先推动高质量发展

为推动经济高质量发展，上海全力打响"上海服务""上海制造""上海购物""上海文化"四大品牌。其中"上海服务"重在提升城市核心功能和辐射带动能力，"上海制造"重在强化创新驱动和扩大高端产品技术供给，"上海购物"重在满足和引领消费升级需求，"上海文化"重在提升城市文化软实力和影响力。

（一）打响"上海服务"品牌

即发挥城市集聚辐射带动能力，着力扩大服务供给、创建服务品牌、优化服务环境和提高服务质量，聚焦服务功能、服务经济、服务民生、服务环境，更好地融入全球资源配置和经济发展进程，推动上海国际经济、金融、贸易、科技创新以及航运中心的建设，促进国际影响力的提升。积极参与长三角一体化、长江经济带发展和"一带一路"建设，进一步为国家战略服务。推动服务经济高质量发展，上海大力发展现代服务业，推动其向专业化、高端化发展，培育服务经济新动能，促进服务经济能级提升，逐步打造服务业品牌企业和特色集聚区，不断扩大其国际影响力。进一步服务民生，推动生活性服务业向精细化发展，同时加强对城市的精细化管理，不断提高服务水平，不断满足人民群众多样化、个性化和高品位的服务需求，为群众创造高品质生活环境。着力建设服务型政府，深化服务领域改革，提供优质高效的政府服务，扩大服务业开放，逐步形成法治化、便利化和国际化的营商环境，促进服务环境的提升，进一步打响"上海服务"品牌，推动"上海服务"成为优质服务、高端服务的代名词。

（二）打响"上海制造"品牌

一方面，上海大力发展高端制造、品质制造、智能制造、绿色制造"四大制造"，不断提升研发、设计和管理能力，推动制造业高标准、高质量发展，打响"上海制造"品牌。不断深化供给侧结构性改革，扩大优质产品供给，提升"上海制造"的质量效益、市场竞争力和社会美誉度。加快世界级新兴产业发展，推动产业改造升级、技术创新、成果产业化以及创新平台的建设，深入实施创新驱动战略，加快互联网、大数据、人工智能与制造业的融合发展，推动服务型制造业发展，提升上海制造业核心竞争力。近几年来，上海制造业自主创新能力显著提升，互联网、大数据以及人工智能的应用水平提高，国际高端智造中心基本建成，逐步成为全球卓越制造基地。2018 年前三季度，上海工业战略性新兴产业总产值 7664.28 亿元，比去年同期增长 3.5%。另一方面，上海不断加快世界级先进制造业集群建设，逐步构建汽车、电子信息、高端装备、绿色化工、民用航空和生物医药六个领域内的世界级产业集群，并进一步打造世界级制造品牌，提升上海在全球价值链分工中的地位。推动长三角区域产业协同发展，提高区域产业联动、分工协作水平，形成合理高效的产业链条，推动制造业产业园区高质量发展。上海力争到 2020 年，战略性新兴产业增加值占 GDP 比重达到 20% 以上，战略性新兴产业制造业产值占全市制造业总产值比重达到 1/3 左右，构建起 2 个、加快培育 4 个世界级产业集群，形成一批优质的名品、名企、名家和名园，提高"上海制造"的国际国内影响力。

（三）打响"上海购物"品牌

上海致力于推动品质消费、时尚消费以及服务消费，从进一步丰富消费种类、改善消费环境、培育知名品牌以及打造具有特色和知名度的商圈入手，促进消费升级，全面提升"上海购物"全球影响力。上海面向全球进行消费市场建设，开发消费新业态、新模式，让上海品牌更加集聚化、时尚化以及创新化，不断提升上海消费品牌对国内外消费者的吸引力，增强消费者的体验度、获得感和满意度，逐步打造成为全球影响力大、国际化的消费城市。力争到 2020 年，消费对经济增长的年均贡献率达到60%以上，构建起 2 条世界级商街、10 个国内一流商圈和 20 个特色商业街区，打响 50 个极具上海特色的新品牌和 50 个上海老字号。上海从供给和需求两端入手，通过推出特色鲜明的消费载体、提供优质的消费服务环境来打响"上海购物"品牌，增强"上海购物"吸引力。通过新供给带动新消费需求的产生，提升一批新兴消费品牌，改造升级一批传统消费品牌，要求老字号进行改革创新谋求进一步发展，推动高端品牌、原创品牌的发展。推动"上海购物"线上线下融合发展，充分应用大数据、互联网、物联网以及人工智能等新兴技术，进一步开发智慧零售、绿色零售等新模式，并逐步打造知名度高的"上海购物"平台，实现"买全球、卖全球"。进一步办好中国国际进口博览会，发挥其作为国际消费品集散平台的作用，推动国际高端知名品牌"引进来"以及本土自主品牌"走出去"。同时充分用好上海购物节、上海时装周等名片，实施"上海购物"全球推广计划，全面提升"上海购物"的国际知名度和全球影响力。

（四）打响"上海文化"品牌

上海着力用好用足文化资源、做强做优文创产业以及共建共享公共文化，推动更多精品力作和标志性文化地标的出现，不断弘扬和培育上海城市精神，增强文化软实力，擦亮"上海文化"金名片。深刻理解和切实践行社会主义核心价值观，培育社会主义先进文化，进一步彰显城市文化特质，推动文化人才集聚，加强文化交流，促进文创产业、文化事业得到大发展、大繁荣。力争到 2020 年，全市文创产业带来的增加值占生产总值比重达到13%以上。上海用好用足文化资源，充分发挥自身丰富的红色文化、海派文化和江南文化资源优势，有针对、有重点地进行文化资源利用。对于红色文化，进行进一步的传承、创新和传播，针对拥有的建党历史资源进行更进一步的发掘和保护，推进思想理论的创新和传播高地的建设，传扬红色文化、构建起红色旅游品牌。对于海派文化和江南文化，与时俱进地赋予它们新的时代内涵，创新其表现形式，促进优秀传统文化的传承和发扬，进一步彰显城市人文精神，使人民群众对"上海文化"更有认同感、尊崇感以及归属感。通过做强做优文创产业，深入实施上海文创"50条"，着眼于影视、演艺以及网络文化等重点领域，率先进行创新并取得突破，不断促进文化产业发展，逐步打造一批国内外知名文化品牌，提升文化原创水平、辐射范围以及影响力。同时，进一步推动公共文化共建共享，提高优质公共文化供给水平，完善文化服务体系，将文化发展与教育、旅游、体育等事业紧密结合，推动"文化上海云"的升级改造，进而让群众实现对高品质文化服务的共享。

三、江苏：明确高质量发展六大任务

江苏追求"走在前列"，不单是速度领先、指标超前，更是在新发展理念的指引下，推动现代化经济体系的建设，用改革和创新推动高质量发展，逐步形成自身特色和优势，具体体现在重点推进"六个高质量"。

（一）高质量推动江苏经济社会发展

江苏深度融合信息化和工业化，推动互联网、大数据、人工智能对传统产业的改造提升，强化创新驱动，加注重基础研究、原始创新，更加注重应用研究、集成创新。作为制造业大省，紧跟科技发展新变化、不断适应人民新需要，大力发展实体经济，建设现代化产业体系，全面提升自主创新能力，深化科技体制改革，制定出台了政策措施进一步推动科技与产业的深度融合发展，推进区域协同创新。2018年，江苏科技进步贡献率达63%。大力推动新一代信息技术产业的发展，致力于推进江苏制造向江苏创造转变、江苏速度向江苏质量转变、江苏产品向江苏品牌转变，打造成为在国内外都有影响力的产业科技创新中心以及先进制造业基地。江苏在"十三五"规划中明确提出了重点培育具有前沿性和战略性的十三个先进制造业产业集群，不仅在产业门类和功能分区方面进行了区域细分，而且上升到了各城市主导产业的战略高度。2018 年，江苏高新技术产业、战略性新兴产业产值分别增长 11%、8.8%，占规模以上工业总产值比重分别提高到 43.8% 和 32%。江苏新材料、节能环保、医药、软件、新能源、海工装备等产业规模以及新一代信息技术产业规模均居全国前列，光伏、智能电网、海工装备等细分领域占全国的市场份额于 2017 年分别达到 50%、40% 和 30% 以上。进一步改造提升优势传统产业，实施"工业强基"工程，推进"互联网＋制造业""双百工程"项目以及新产品新技术推广应用三大计划，全面实施制造业绿色化改造，推进节能改造示范、减排改造示范、再制造示范等。

（二）高质量推动江苏改革开放

江苏把处理好政府和市场关系作为核心，以"不见面审批"为突破口，撬动重点领域和关键环节改革，做好扩大向东开放和引领向西开放的文章。全面深化经济社会各领域的改革，不断完善产权制度，推进要素市场化配置。推动科技体制改革，科技投入配置遵循市场化原则，不断促进科技成果转化，推动其与产业融合发展。加强"放管服"改革，建立健全公平开放透明的市场规则，推进"不见面审批"改革，着力突破工业项目施工许可等难点环节，优化企业生产经营环境、降低企业生产经营成本。完善社会治理体制改革，建立健全社会保障体系，推动市场配置与政府保障相结合的住房制度改革，积极探索收入分配制度改革，采取更加有效的社会治理方式，促进社会依法治理和公平正义的实现。江苏全力做好扩大向东开放和引领向西开放的文章，充分发挥"一带一路"交汇点作用，继续保持在各个领域的开放优势。制定出台相关政策高质量推进"一带一路"交汇点建设，实施国际综合交通体系拓展等"五大计划"，拓展与沿线国家和地区的合作。2018 年，江苏新增"一带一路"沿线对外投资项目 230 个、同比增长 50%；对沿线国家出口增长 9.6% 以上，占比提升到 24% 以上。江苏不断统筹外经贸、外事以及外宣工作，组织参与了首届进口博览会，累计成交金额 58.9 亿美元，居全国第二位；不断加强科技、教育、文化、旅游、体育、环保以及和平等领域与国际的交流合作，推动江苏由开放大省向开放强省转变。

（三）高质量推动江苏城乡建设

江苏大力推动城市群的发展，提升区域城镇化发展水平。推动以苏南为主体的扬子江城市群重点往宜居宜业方向发展，并充分发挥其龙头带动作用，推动沿海经济带、江淮生态经济区、徐州淮海经济区的发展。苏中苏北着力做大做强中心城市，提高南京的辐射带动力，推动综合交通枢纽的建设，在更高层次上对苏州、无锡等城市进行规划建设，提升它们的城市能级。江苏深入实施乡村振兴战略，推动现代化农业农村的发展。推动资本、技术以及人才等要素向乡村流动，为农村发展注入新动能，增强其发展活力，开创江苏的"新乡土时代"。着力发展"互联网＋现代农业"，培育各种新型经营主体，推动现代生产要素与农业的结合，不断探索形成新的经营模式，建设特色田园乡村。完善城乡基础设施建设，逐步建立起现代化的综合交通体系。江苏加强整体规划布局，以更高的标准推进全省高铁、航空、港口、过江通道、管道、公路等重大基础设施建设，逐步实现各类交通的无缝衔接，进一步提升城乡通达程度，高质量推进城乡建设。

（四）高质量推动江苏文化建设

江苏一直重视弘扬传统文化、繁荣文艺创作，丰富人民群众的文化生活。江苏推动高质量的文化建设，不仅结合各城市的地域特色，而且融合了文化建设的产业属性。一是充分发挥文化建设的载体和平台功能，进一步营造良好的创新环境和营商环境，推动政产学研用的融合发展，建立健全产供销一体的网络体系。二是倡导精神资本在民众价值观塑造中的核心作用，通过培育思想市场和工匠精神，营造大众创业、万众创新的社会氛围。三是结合江苏各类制造业集群的特点，充分发挥地方历史文化、人文资源上拥有的特色和优势、传统技艺传承优势以及特色商品集散优势，以特色建群，以优势兴群，结合并依托各城市的人力资源优势，进一步打造城市文化地标。江苏切实推进大运河文化带建设，在全面系统地了解运河历史的基础上，对运河经济、运河文化、运河生态、运河民俗、运河精神等进行深入探讨和发掘，保护好、传承好、利用好大运河文化带。大运河文化带是运河沿线地区协同发展的系统工程，因而江苏以文化建设为抓手进行顶层设计，全面规划并带动运河沿线地区经济、社会、生态文明等各项事业的发展，重点协调好运河文化遗存保护与利用之间、弘扬运河文化与发展运河经济之间、运河发展过程中产业与产业之间、产业发展与生态文明建设之间、运河沿线城市与城市之间等一系列重大关系，力争把江苏段运河建设成为"高颜值的生态走廊、高品位的文化走廊、高效益的经济走廊"，将其打造成大运河文化带上的"样板区"和"示范段"。

（五）高质量推动江苏生态环境建设

江苏充分考虑区域的环境容量和资源承载能力，依照优化开发、重点开发、限制开发和禁止开发的次序，将重工业和重化工业的关停并转与技术改造结合起来。推动要素和资源在空间上进行动态配置，结合各城市产业发展层级分布的特点，逐步把总部经济布局在层级较高的城市，把制造业工厂转移到广阔的城镇和乡村。深刻践行绿色发展和环保优先理念，规划建设各类生态园区，完善环保基础设施，推动工业"三废"排放问题的解决以及污染的综合治理。采用绿色GDP核算方式，大力发展循环经济，提高综合经济效益。着力推进"263"专项行动，全面实施生态河湖行动计划，推动全民共治、源头治理，进一步治气、治水、治土，对城乡环境进行全面整治，解决环境保护的突出问题。产业布局遵循绿色发展理念，合理规划主体功能区，对不符合生态环境定位的产业结构进行调整升级，如限期改造治污不达标企业，坚决关停改造仍不达标的企业，重点进行园区的循环化改造，确保到2020年省级以上园区和所有化工园区全部实施循环化改造。江苏大力推进生态系统保护修复，降低土地开发强度，强化"三大红线"硬约束，开展省级环保督察行动，推进宁静和谐美丽江苏建设。

（六）高质量推动江苏人民生活水平提升

实现人民生活高质量，要不折不扣地落实国家确定的民生政策，兑现作出的民生承诺，统筹谋划新办的民生实事，高质量推动人民生活水平提升。具体来说，一是着力解决结构性的民生问题。大力推动制度改革，重点解决就业、教育、医疗、养老、社会保障、城市管理等方面存在的民生"难点"问题，更好地满足人民的美好生活需要。二是着力实施普惠性的民生工程。按照江苏省委十三届二次全会确定的标准清单，聚焦基层群众需求，研究落实配套措施，提供相应资源，加快推进基本公共服务标准化，不断提高民生服务水平。三是着力办好扶助性的民生实事。2017年，江苏年收入4000元以下人口已实现整体脱贫，扶贫标准提升到6000元。江苏大力实施精准扶贫，聚焦贫困群体，提高保障救助水平，规避脱贫群体因病、残或灾致贫返贫现象的出现。四是着力满足多样性的民生需求。针对不同区域、不同人群开展相适应的民生工作，引导和带领群众参与一些民生工作，发挥群众的主体作用，促进群众幸福感和获得感的增强，实现美好生活的共建共享。同时强化江苏社会治安综合治理，深入开展平安江苏建设，切实抓好安全生产，提升各方面应急能力，营造出人民安居乐业、社会安定有序的良好生活环境。

四、湖南：以"促创新、抓改革、优服务"
三大变革推动高质量发展

湖南坚持以质量效益为中心，以"三大变革"切实推动高质量发展要求落实到具体产业、具体企业、具体项目上。

（一）以促创新为重点推动质量变革

湖南以长株潭国家自主创新示范区为核心，大力推进科技创新基地建设，不断完善空间规划，打造"一区三谷多园"格局，并着力集聚创新人才，不断促进科技成果转化、区域自主创新能力提升。建立健全科技文化创新体系，逐步形成以企业为主体、市场为导向、政产学研用相结合的创新体系。一是推动国家制造业创新中心的建设，紧跟国内外产业发展趋势，大力发展基础性、前沿性技术，集聚各项创新资源来攻克一批关键共性技术，提高制造业技术和创新水平。争取到2020年，培育形成100家国家级企业技术中心、技术创新示范企业，600家省级企业技术中心。二是促进协同创新，深化产学研用合作，围绕重大战略需求和产业发展关键领域，推动高校、科研机构以及企业在国家各类重大科技计划和产业化专项中进行深入合作。建立和完善一批创新孵化产业园区和专业众创空间，加快社会各方资源的协同创新进程。三是推进创新服务平台建设，完善专利到产品、产品到产业的创新成果转化通道，建立创新成果信息发布和共享平台，提高创新服务水平，完善技术交易市场，推动技术转移，逐步打造我国中部技术产权交易平台。湖南还大力引进和培养创新型人才，深入实施"湖湘青年英才"、省企业创新创业团队、省"百人计划"、长株潭高层次人才集聚工程、省军民融合高端人才引进等支持计划，建立健全对人才的梯队培养计划和普惠性

169

支持措施。

（二）以抓改革为重点推动动力变革

湖南着力推进去产能工作，加快制造强省建设，着力推动信息化与制造业融合，加快智能制造发展。坚持按市场化规律运作，在淘汰落后工艺、耗能耗材高、性能价格无比较优势的企业和产能的基础上，切实把化解产能过剩与推动产品升级、推进资源重组、提升装备工艺、提高管理水平、促进节能减排、加强安全生产等有机结合，加快产业转型升级步伐，全面提升发展质量和效益。对于装备制造业一般性过剩产能，坚持"提升一批、转移一批、整合一批"的发展思路，通过优化产业布局、资源整合和资产重组、企业破产、抑制重复性投资和同质化招商、淘汰落后等手段，实现装备制造业结构优化升级。通过进一步发展新技术新业态助推传统产业的全面改造提升，推进工程机械、汽车及零部件、有色、石化、食品加工等传统优势产业绿色化、智能化和品牌化发展。湖南大力振兴实体经济，积极对接《中国制造2025》，着力实施制造强省五年行动计划，实施"工业强基工程"专项行动，夯实制造产业基础，加快现代制造业基地的建设。大力推进智能制造，深化制造业与互联网融合发展，发挥"互联网＋"的倍增作用。落实"智能制造工程"专项行动和20个工业新兴优势产业链行动计划，推动制造业新业态新模式的出现，进行智能化管理，提供智能化服务，重点突出新一代信息技术产业、先进轨道交通装备、工程机械以及高档数控机床和机器人等领域的发展，同时继续开展百户大型企业精准帮扶，推动湖南制造业高质量发展，打造成为中国智能制造示范引领区。

（三）以优服务为重点推动效率变革

湖南不断加快"放管服"改革，精简审批事项，深化"最多跑一次"改革，不断提高服务水平和服务效率。湖南坚持在投资审批和价费管理等重点领域加大"放"的力度，在事中事后的科学监管上强化"管"的能力，在政务服务智能化、便捷化上提升"服"的水平，取得了积极成效。近年来，共取消和下放企业投资项目核准权限 62 项；将投资项目报建审批事项由 63 项精简为 40 项；政府定价项目由 17 类 63 项缩减为 12 类 38 项。2014～2017 年，全省取消、停征、降标涉企收费 271 项；放开经营服务型收费 123 项。同时，着力优化政府服务，提高公共服务供给效率，提高政务服务效率。将各类服务事项预约、申报、办理、查询等全流程网上运行，把实体政务大厅、网上政务平台、移动客户端等结合起来，实行线上线下一体化运行，加快实现"一号申请、一窗受理、一网通办"，建成统一的网上政务服务和电子监察系统，实现一网审批、一网监察，极大优化了办事环节。湖南分三批清理规范省政府部门行政审批中介服务事项 180 项，完成进度居全国前列；简化建设项目开工前的审批环节，原有 63 项报建审批事项减少为 40 项；深入推进商事制度改革，推进注册资本登记、经营场所登记、企业简易注销登记、全程电子化登记管理改革，整合 20 个部门 30 个涉企证照实行"多证合一"，激发全社会"双创"活力。湖南进一步改善民生服务，每年公开承诺为民办一批实事，提高企业退休人员养老金待遇、城乡基础养老金最低标准以及城乡低保标准和救助水平等，进一步完善基层医疗卫生服务体系。2018 年，湖南全省财政支出中民生支出占比达到 70.1%，较好地完成 12 件重点民生实事，民生水平大幅提升。

五、安徽：以"三个转向"迈向高质量发展

主要体现在"从要素驱动转向创新驱动""从中低端转向中高端""从粗放低效转向绿色发展"。

（一）从要素驱动转向创新驱动

安徽始终把创新驱动作为建设现代化产业体系的战略支撑，注重引

智引资与培育内生动力相结合，出台优惠政策吸引高端人才，加大对科创企业的金融扶持，搭建平台营造"双创"氛围，汇聚人才、资本、技术等要素，为持续转型升级积蓄力量、增添功能。加快创新平台的建设，推动合肥综合性国家科学中心在内的"四个一"创新主平台建设和"一室一中心"的建设，加强应用基础研究，催生更多原创性重大创新成果，促进创新成果的转化及其产业化发展。持续加强创新驱动，培育高质量发展新动能，安徽加快信息技术发展，推动原始创新逐步掌握关键核心技术，力争在量子通信、智能语音、未来网络、类脑计算等领域取得突破。2018 年，安徽研发经费支出占生产总值比重达到2.1%，拥有高新技术企业 4710 家，创新能力连续 7 年位居全国第一方阵。安徽进一步集聚创新人才，高标准落实"江淮英才计划"，推动领军型人才、创新人才、青年人才以及工匠人才队伍的建设。深化改革开放带动创新发展，拓展与国内外进行创新合作和交流的渠道，参与全球创新网络构建，积极对接国家创新发展战略，融入长三角更高质量一体化发展。完善技术创新体系以及协同创新机制，通过深化"放管服"改革进一步完善市场环境，健全产权保护制度，推动大胆创新、勇于创新、包容创新等创新文化的形成和发展，营造良好创新氛围。

（二）从中低端转向中高端

安徽持续深化供给侧结构性改革，着力处理"三煤一钢"等企业过剩产能，积极推动市场出清，合理处置"僵尸企业"，推动产业向中高端方向发展。聚焦实体经济发展，推动资源要素、政策措施以及工作力量投向实体经济，加快传统产业优化升级，出台政策支持制造强省建设，大力支持高端、智能、绿色、精品以及服务型五大制造业发展。着力推进战略性新兴产业发展，进一步建设现代化新兴产业重大基地、重大工程和重大专项，推动包括新能源汽车、智能语音和集成电路等在内的 24 个战略性新兴产业集聚发展，着力打造一批具有国际影响力的产业集群，促进发展效益提升。2018 年，安徽工业技改投资增长 30% 以上，全省战略性新兴产业产值增长 16.1%，占规模以上工业比重达到

29.5%。加快数字经济、智能制造、新材料等方面科技成果的转化和应用，带动相关产业发展，推进安徽数字经济发展以及制造强省的建设。同时加快发展现代服务业，2018 年，安徽旅游总收入增长 16.8%，限额以上网上商品零售额增长 36.1%，快递业务量突破 11 亿件、增长 30%，农村电商全覆盖进程加快，农产品网络销售额突破 400 亿元、增长 50% 以上。

（三）从粗放低效转向绿色发展

安徽着力推动"三河一湖一园一区"生态示范建设，对巢湖进行新一轮综合治理，全面推行"河（湖）长制"，率先建立"林长制"，推动河长治、湖长治、林长治。2017 年，安徽 106 个河湖水质考核断面中，水质优良比例为 77.4%，单位 GDP 能耗下降 5.3%。安徽先后印发了《安徽省生态文明建设目标评价考核实施办法》《安徽省绿色发展指标体系》和《安徽省生态文明建设考核目标体系》，建立了年度评价、五年考核机制，对各市生态文明建设情况进行考核，把考核结果作为党政领导综合考核评价、干部奖惩任免的重要依据。依据"一个办法、两个体系"，安徽 2017 年首次开展了生态文明建设年度评价工作。同时，采取一系列措施持续改善生态环境质量，对农作物秸秆、畜禽养殖废弃物等进行资源化利用，采取奖励措施激励资源综合利用企业和示范园区发展。改造提升"两高一剩"行业，通过差别水价、电价促使落后工艺、设备和产品生产升级。加强城镇环保基础设施建设，吸引企业、集体、个人以及社会组织等投入资金，推动生态保护修复专业化企业的形成以及现代环保产业的发展。不断完善生态环境管理机制，充分发挥市场机制的作用，形成多元化管理模式，进一步完善生态补偿制度，严守各项生态保护红线，保障重点生态功能区发展。逐步建立生态环境损害赔偿制度，进一步将企业环境行为纳入信用评价体系，并完善其与信贷联动机制；实行自然资源离任审计，严格执行生态环境损害责任终身追究制，推动安徽绿色发展的实现。

参考文献

[1] B. S. Warr, R. U. Ayres. Evidence of causality between the quantity and quality of energy consumption and economic growth [J] . Energy, 2009, 35 (4) .

[2] Theodore R. Breton. The quality vs. the quantity of schooling: What drives economic growth? [J] . Economics of Education Review, 2011, 30 (4) .

[3] Michael Koetter, Michael Wedow. Finance and growth in a bank – based economy: Is it quantity or quality that matters? [J] . Journal of International Money and Finance, 2010, 29 (8) .

[4] Philip Arestis, Panicos Demetriades. Financial development and economic growth: Assessing the evidence [J] . The Economic Journal, 1997, 107 (442) .

[5] Fabio Sabatini. Social capital and the quality of economic development [J] . Kyklos, 2008, 61 (3) .

[6] Soogwan Doh. Social Capital, Economic development, and the quality of government: How interaction between social capital and economic development affects the quality of government [J] . Public Administration, 2014, 92 (1) .

[7] Geetilaxmi Mohapatra, A. K. Giri. Economic development and environmental quality: An econometric study in India [J] . Management of Environmental Quality: An International Journal, 2009, 20 (2) .

［8］ Xiang Shu – jian，Zheng Rui – kun. A measurement study of eco- nomic growth transition based on quality index：A case of economic growth in Shenzhen ［J］. 当代财经，2013（S1）：80 – 93.

［9］ 赵昌文. 推动我国经济实现高质量发展 ［J］. 先锋队，2018 （2）：17 – 19.

［10］ 王春新. 中国经济转向高质量发展的内涵及目标 ［J］. 金融 博览，2018（5）：42 – 43.

［11］ 王永昌，尹江燕. 论经济高质量发展的基本内涵及趋向 ［J］. 浙江学刊，2019（1）：91 – 95.

［12］ 徐莹. 加快建立高质量发展指标体系 ［N］. 中国质量报， 2018 – 03 – 20（002）.

［13］ 邵彦敏. 新发展理念：高质量发展的战略引领 ［J］. 国家治 理，2018（5）：11 – 17.

［14］ 任保平，李禹墨. 新时代我国高质量发展评判体系的构建及 其转型路径 ［J］. 陕西师范大学学报（哲学社会科学版），2018，47 （3）：105 – 113.

［15］ 师博，任保平. 中国省际经济高质量发展的测度与分析 ［J］. 经济问题，2018（4）：1 – 6.

［16］ 魏敏，李书昊. 新时代中国经济高质量发展水平的测度研究 ［J］. 数量经济技术经济研究，2018，35（11）：3 – 20.

［17］ 王竹君，任保平. 基于高质量发展的地区经济效率测度及其 环境因素分析 ［J］. 河北经贸大学学报，2018，39（4）：8 – 16.

［18］ 吕品，褚桂楠，杨君. 浙江省经济增长质量与数量的耦合分 析 ［J］. 浙江理工大学学报（社会科学版），2017，38（6）：483 – 490.

［19］ 张诗颖，罗芳. 经济增长数量与质量协调性测度与分析—— 以安徽省为例 ［J］. 中国发展，2017，17（3）：21 – 28.

［20］ 周祥. OFDI 对母国经济增长质量的影响研究 ［D］. 杭州： 浙江工商大学硕士学位论文，2017.

［21］邹圆．中国产业结构变迁对经济增长质量影响研究［D］．重庆：重庆大学博士学位论文，2016．

［22］王薇．中国经济增长数量、质量和效益的耦合研究［D］．西安：西北大学博士学位论文，2016．

［23］姜琪，丁启军，金娜．金融发展、科技创新与地区经济增长——基于山东省经济增长数量和质量的对比分析［J］．经济与管理评论，2016，32（2）：145－153．

［24］程承坪，陈志．经济增长数量与质量的耦合分析——基于湖北省2003－2013年统计数据的实证研究［J］．宏观质量研究，2016，4（2）：51－60．

［25］任保平，李娟伟．实现中国经济增长数量、质量和效益的统一［J］．西北大学学报（哲学社会科学版），2013，43（1）：110－115．

［26］冯镭．无锡市经济增长质量的实证研究［D］．无锡：江南大学硕士学位论文，2012．

［27］李变花．中国经济增长质量研究［D］．长春：吉林大学博士学位论文，2005．

［28］刘海英．中国经济增长质量研究［D］．长春：吉林大学博士学位论文，2005．

［29］王薇，任保平．我国经济增长数量与质量阶段性特征：1978～2014年［J］．改革，2015（8）：48－58．

［30］王喜峰，李富强．经济安全、高质量发展与水资源承载力关系研究［J］．价格理论与实践，2019（4）：22－26．

［31］许光建，许坤．全面推动经济高质量发展迎接新中国成立70周年——2018年物价形势分析与2019年展望［J］．价格理论与实践，2019（1）：14－21．

［32］贾健，张朝洋，陈宇．江西经济高质量发展的现状、问题及建议［J］．金融与经济，2019（4）：62－65．

［33］余长明．践行"两山论" 打好"特色牌" 推动黔江山地

特色经济高质量发展［J］．重庆行政，2019，20（2）：6－8.

［34］高登榜．关于"创新提升下足本钱、经济增长把稳做实"的几点思考——兼谈推进水泥行业高质量发展［J］．商品混凝土，2019（4）：16－17.

［35］陈欣琪．为民营经济发展提供坚强纪律保障［J］．潮商，2019（2）：14.

［36］赵子军．推动经济高质量发展　助力创新驱动发展　开放合作共享发展　"中国标准2035"北京论剑［J］．中国标准化，2018（23）：6－11.

［37］马靖昊．高质量经济离不开高质量企业［J］．新理财，2019（4）：3.

［38］张瑞才．新时代解决社会主要矛盾的历史逻辑和实践逻辑［J］．科学社会主义，2018（6）：44－49.

［39］王丰．习近平新时代中国特色社会主义思想的哲学研究［D］．北京：中共中央党校博士学位论文，2018.

［40］王一鸣．深化改革推动经济高质量发展［J］．理论视野，2018（11）：9－13.

［41］邸乘光．论习近平新时代中国特色社会主义经济思想［J］．新疆师范大学学报（哲学社会科学版），2019，40（1）：7－25.

［42］穆艳杰，魏恒．习近平生态文明思想研究［J］．东北师范大学学报（哲学社会科学版），2019（1）：62－68.

［43］王仕国，黄谋琛．新时代马克思主义中国化最新成果的逻辑谱系［J］．湖南社会科学，2018（3）：42－47.

［44］吴桂韩．中国特色社会主义道路是实现中华民族伟大复兴的必由之路［J］．山西社会主义学院学报，2018（3）：5－11.

［45］谢云涛．中国经济"高质量发展"的新时代［J］．知识经济，2019（1）：41－42.

［46］付东．构建技术创新体系共建产业生态集聚圈——国家印刷及柔性显示创新中心建设实践与思考［J］．中国工业和信息化，2018

（12）：42 - 47.

［47］吴霞．习近平新时代中国特色社会主义思想的丰富内涵与实践要求［J］．厦门特区党校学报，2018（6）：20 - 24.

［48］阎树群．论深化习近平新时代中国特色社会主义思想研究的三个维度［J］．陕西师范大学学报（哲学社会科学版），2019，48（1）：5 - 17.

［49］杜爱国．中国经济高质量发展的制度逻辑与前景展望［J］．学习与实践，2018 - 07 - 15.

［50］周锋．技术创新、产业结构转型升级与区域经济增长［D］．大连：大连理工大学硕士学位论文，2018.

［51］李捷．习近平新时代中国特色社会主义思想对毛泽东思想的坚持、发展和创新［J］．湘潭大学学报（哲学社会科学版），2019，43（1）：1 - 26.

［52］秦宣．新发展理念与中国改革开放的历史经验［J］．中国特色社会主义研究，2018（6）：20 - 25.

［53］崔传涛．马克思主义理论指导与科学技术发展的关系问题［A］//廊坊市应用经济学会．对接京津——新时代奠基国体法治论文集［C］．廊坊市应用经济学会：廊坊市应用经济学会，2018：6.

［54］赵晋平．发达国家与发展中国家发展不平衡［N］．人民日报，2015 - 07 - 12（005）．

［55］李晓娜．制造业振兴应避免"脱实向虚"［N/OL］．中国矿业报，2018 - 1 - 23. http：//www. cnmn. com.

［56］本报评论员．坚定信心，保持经济稳中向好态势［N］．人民日报，2018 - 08 - 02（001）．

［57］王一鸣．大力推动我国经济高质量发展［J］．人民论坛，2018（9）：32 - 34. news. eastday.

［58］李伟．坚持底线思维，推进高质量发展［J］．新经济导刊，2018（11）：6 - 10.

［59］周长波，郭亚静，方刚，刘菁钧．新时代下推进清洁生产的建

议〔J〕．环境保护，2019，47（1）：43－46.

〔60〕易练红．政府工作报告〔N〕．江西日报，2019－02－11.

〔61〕刘奇．政府工作报告〔N〕．江西日报，2018－02－09.

〔62〕张和平．关于江西省2018年国民经济和社会发展计划执行情况与2019年国民经济和社会发展计划草案的报告〔N〕．江西日报，2019－02－14.

〔63〕刘奇．生态文明贵阳国际论坛2018年年会开幕式江西省委书记省长刘奇演讲〔N/OL〕．http：//www．gywb．cn/c.

〔64〕涂圣伟．我国产业高质量发展面临的突出问题与实现路径〔J〕．中国发展观察，2018（14）：13－17.

〔65〕谭炳才．广东高质量发展终极治理目标与面临体制机制障碍研究〔J〕．广东经济，2019（1）：6－9.

〔66〕沈晓明．政府工作报告——2019年1月27日在海南省第六届人民代表大会第二次会议上〔J〕．今日海南，2019（2）：6－13.

〔67〕李伟．关于当前经济形势的几点认识〔N〕．中国经济时报，2019－01－21（001）．

〔68〕马一德．聚焦"八字方针"深化供给侧结构性改革〔N〕．经济日报，2019－01－17（012）．

〔69〕吴秋余．深化供给侧改革八字方针指明航向〔N〕．人民日报，2018－12－22（002）．

〔70〕马修文，沈阳．伟大的变革——中国改革开放40周年伟大成就盘点〔J〕．党课参考，2018（24）：3－28.

〔71〕尹蔚民．全面建成多层次社会保障体系〔N〕．人民日报，2018－01－09（007）．

〔72〕尹力．政府工作报告〔N〕．四川日报，2017－01－25（001）．

〔73〕唐登杰．政府工作报告〔N〕．福建日报，2019－01－21（001）．

〔74〕卫保卫，濮琳姿，陈之瑜．大众创业万众创新：可持续发展视

角下的服装产业绿色创新发展之路［J］.营销界，2019（11）.

［75］陈禹希.新时代中国特色绿色发展问题研究［D］.长春：长春理工大学硕士学位论文，2018.

［76］段景春.我国乡村生态旅游发展中的问题与对策研究［J］.安徽农业科学，2008，36（10）：4216 –4217.

［77］黄娟.科技创新与绿色发展的关系——兼论中国特色绿色科技创新之路［J］.新疆师范大学学报（哲学社会科学版），2017（2）：33 –41.

［78］严珊珊，庄赟.基于耦合模型的经济、社会和生态协调发展研究——以福建省9个地级市为例［J］.莆田学院学报，2016，23（3）：36 –41.

［79］徐宏潇，赵硕刚.高质量发展推动中国经济行稳致远［J］.红旗文稿，2018，380（20）：5 –7.

［80］邸乘光.习近平治国理政思想的科学体系及基本内涵［J］.新疆师范大学学报（哲学社会科学版），2017（1）：7 –30.

［81］邓子纲，贺培育.论习近平高质量发展观的三个维度［J］.湖湘论坛，2019，32（1）：13 –23.

［82］中共十九届三中全会在京举行　中央政治局主持会议中央委员会总书记习近平作重要讲话［J］.前进，2018（3）：4 –6.

［83］人才培养是关键提升核心竞争力——《财政部关于全面推进管理会计体系建设的指导意见》系列解读之四［J］.中国工会财会，2015（9）：6 –9.

［84］中共贵州省委关于深化人才发展体制机制改革推进守底线走新路奔小康的实施意见［N］.贵州日报，2017 –03 –24（006）.

［85］李树娟.民族地区供给侧改革：特征、困难与策略——以广西为例［J］.广西社会科学，2018（10）：45 –49.

［86］中共江西省委江西省人民政府.关于深入实施工业强省战略推动工业高质量发展的若干意见［N］.江西日报，2018 –06 –07.

［87］做好财政工作这篇大文章全力推动成都经济高质量发展［N］.

成都日报，2018 - 02 - 27.

［88］江西省人民政府．江西省融资担保公司监督管理实施细则［Z］. 2018 - 12 - 27.

［89］江西省人民政府．江西省人民政府关于加快特色型知识产权强省建设的实施意见［Z］. 2017 - 02 - 07.

［90］张永霞．深化标准化工作改革加快推动形成高质量发展的标准体系［N］. 联合日报，2019 - 03 - 22（003）.

［91］季凯文，齐江波，王旭伟．生态产品价值实现的浙江"丽水经验"［J］. 中国国情国力，2019（2）：45 - 47.

［92］康冬明，杨幸丽．砥砺奋进40年——改革开放40年江西经济社会发展综述［J］. 当代江西，2018（12）：24 - 28.

［93］习近平．在民营企业座谈会上的讲话［J］. 中国产经，2018（11）：10 - 13.

［94］彭焕才．推动经济高质量发展的政治逻辑［N］. 郑州日报，2019 - 04 - 26（010）.